霊怪真話

岡田建文

河出書房新社

自序

多年の研索と体験とでこの世に超科学と見るべき霊怪や奇蹟とか言うべき事蹟が、予期しないほど多くあったことは、現代に一大権威として儼立《げんりつ》する自然科学なるものの勢力圏の、案外に狭小であることに驚かれる。

現代の文化教養人は、一人も異例がないまでに、不思議とか神秘とかの実在を信ずるものはなく、たまたまそれらに属する現象があったと吹聴された場合には、虚妄の巷説視するか、または、幻覚や錯覚の産物として一蹴し去るのが常套である。要するに、それらの人々は、真実の霊怪現象に接触したことのない人である。元来、科学なるものは、限定的な生理官能を基本にした実証法で、無限大無限量な大宇宙の全貌を捉えたものでは決して無いのだ。それ故に科学万能の先入主に捕えられている現代人が、科学外の神秘性勢力に侵襲された場合に、その迫害から免れる術を知らないのは当然である。地上の人生を禍いするさまざまの不幸不運――災厄疾病類――の半分は科学外の理物の襲うところである。これは確実な事実である。

ここに言う科学外の勢力なるものは、やはり宇宙の活理の一で、吾々の自然科学の原能とは同胞の間柄で、将来は必ず科学者の認識に入って、教科書内のものとなるべき運命を担っている。現に近年欧米諸国では、心霊科学が年々旺盛になって来て、死後の生命の存続や超人的霊性の生命──天使、神──または妖精の存在が科学的に実証された事実がある。この点では、文明国中、ひとり我国だけが一番幼稚な状態であるのだ。

かく言うものの、吾人《わたし》は、世に現われた霊怪や奇蹟なるものの全部を肯定しようとするものではない。いわゆる実覚錯覚または無稽の虚誕になる巷説も少くないことを断言する。

しかし事実確実であるのは、いかんともこれを葬り去ってしまうわけにはゆかぬ。吾人《ごじん》はこれを記録に収めて、多彩的な人生なるものの糧《かて》に供したいのだ。実在物である陰鬼や妖魔の害に罹《かか》った人々を救うことは、現にあり得るのだ。

吾人は、ここに、漫然猟奇談を読者に供給するのが本意ではない。宇宙に拡がっている神秘の理力の一端を紹介することは、真理に忠実なわけだとうぬぼれてもいる。

昭和十一年五月

凡例

一、本書はおおよそに言って現代篇である。即ち明治から昭和の今日に至る間に実現した怪異の記録である。ただし現に生存しつつある高齢の老人にして、その幼年時代に実現した有名な事実なりとて保証をしてくれたものは、明治前のものでも収めたものが二三ある。
一、厳正な意味から言えば、大自然の怪奇現象にして、物理化学の説明し能わぬものもこの書に収める筋合だけれど、その種のものは、概して既刊別著「大自然の神秘と技巧」に収容したから、本書には採らない。
一、日本特有とも云うべき怪物の天狗と河童とに関しては、既刊の「霊怪談淵」「動物界霊異誌」の二書に優れた話料を採録しておいたため、本書には已《や》むを得ずその亜流の資料を記載したのに過ぎない。それにしても、世の不確実な与太話料に比して、同軌のものでは無いプライドをもつ。
一、事の怪奇を極めたものは、その現象に関する理法を少しばかり註釈的に書き添えた。これは霊怪現象なるものを、頭ごなしに迷妄な虚誕談だと一蹴する人の説に盲従せざらしめんとする婆心だ。
一、幽霊や生霊または動物の憑依談などに関する事実の本書に少いのは、それらの多数を既刊書「心霊不滅」に収録したためであるから已むを得ぬ。

霊怪真話 ◉ 目次

装幀——ステラ装幀室

霊怪真話

溺死体を捜し出す神符

明治三十九年の夏、皇都の海城中学の生徒が、隅田川の端艇レースをやった折りのこと、一隻の端艇を言問《こととい》橋の辺りの桟橋に着けて、ドヤドヤと上陸するとき、人の重量で、桟橋が古かったため、先端から竪《たて》になって河中に落ち込み、それと共に生徒がことごとく水中へ滑り落ちた。そのために不幸に一人の姿がついに見えなくなってしまった。

溺屍体の捜索本部が、その付近にあった料理屋東洋軒に設けられ、学校側と水上警察側とが詰め切りで、数百人の尽力で、言問橋を中心に、上流下流を隈なく捜したけれど、屍体の発見が出来ぬ。

そのとき、東洋軒の経営者であった田中金三郎という信仰家が出て来て、皆さんは迷信だと仰《おっ》有《しゃ》るだろうが、水天宮のお護りを取りよせて河へ流して御覧、きっと屍体の所在がわかりますと助言した。

学校長をはじめ水上署長らは、田中の顔を眺めて嘲笑の色を現わし、よいともまずいとも言わないのだ。田中は、マア私に欺されると思って一つ遣って御覧、よしんば無駄であったところで格別の手間でもありませんと、私は経験者からたしかな話を聞いているのですと強調した。しかるに人々は依然として、取り合いそうにもなかった。

そこで田中は、それでは私が遣って見ましょう、無効であったところで、皆さんの不名誉にはならぬからとて、東洋軒のコックを大急ぎで蠣殻町の水天宮へ護符請《ごふうけ》に走らせようとすると、女中頭をしていた婦《おんな》が、水天宮さんなら、私が一枚持っておりますとて、肌の御守袋から取り出してくれた。

田中はこれは好都合と喜び、護符を持って川端へ下り立ち、捧げて黙禱一番の後、河中に投げ込んだ。

ちょうど引汐の折りで、河水は護符を浮べながら下手《しもて》へ流れ下り始めた。しかるに不思議なことには、他の塵芥類は一直線に流れ下るのに、護符だけは、水面に一丈余りの大きい環形《わがた》を描いて、廻りながら流れ下るとその状態は、河の中をあっちこっちと捜しながら流れ下るものの如くであったから、各人も眼を放さなかった。そして護符の後から、一隻の舟が潜水夫を乗せて随《つ》いて往くのであった。

かくて護符は、約三町ばかり下流へ廻り廻り流れてから、ピタッと停止をしたとみられたが、たちまち水中へ真っ直に沈んで行った。

そこを捜すのだと命令されて、舟から潜水夫が水底に飛び込んだが、たちまちの中《うち》に、目的の溺死体を抱き上げて来た。死体は頭を泥中に深く突っ込んで、脚を上にして逆立ち姿をしていた。

歓声と喊声とが各個の口から期せずして一斉に発した。田中はどうですと勝利の喜びに輝やく眼で校長や水上署長を見た。校長も署長も「不思議じゃ、一タイどうした理法で……」を連発しながら田中に腰を屈した。

透視された怪火災

昭和八年三月二十一日午前二時ごろ、杉並区荻窪字川南の黒子《くろす》商店方で、台所から失火し、本屋と離れ屋の二棟を丸焼けにさせて鎮火したが、その失火と同時刻に、約二里を距《へだ》てた練馬町の旭稲荷教会の二階に寝ていた教会主の小林と云う霊媒職がふと目を覚ましたところ、右の火事の詳細が、あたかも映画でも観るが如く、何から何まで判明に眼の先へ現われた。もちろんこれは世にいう千里眼（透視）なるもので、心理学者などからは、変態精神の産物たる幻視で、現実の視覚ではないと貶《けな》し去るところのものである。

小林の視覚に入ったのはどうかというと、まず台所の一隅から燃え出して来て急に寝室の方へ火が廻る。真先に妻女が目をさまして良人《おっと》を呼び起こし、乳呑み児を抱えて夫婦で裏の畑へ飛び出す、つづいて隣に臥《ね》ていた十七八歳の長女が、連れて臥ている四歳の幼妹を抱き起こすと、幼妹は渦捲く煙と火光とに恐れ、姉を押し除《の》け何度も布団の下へ潜り込んだが、ようやくのことに抱《かか》え出された。やがて火は全屋を包んで旺《さか》んに燃え立ったが、その火焔は、奇妙にも、上端から内曲りに下方へ捲き込んでしまい、上空や外側へは少しも燃え出ぬ不思議さ。やがて本屋から離れ屋に延焼し、ついに二棟とも黒焦げの焼殼骨とされて自ずと鎮火に帰したという現象をみたのだ。

従来小林には、時折り肉眼に見えないものが透視的に見える経験はあっても、右のように火災の幻象はこれが初めてであるけれども、今視たところのものは、真実の現象の透視だと固く信じた。元来荻窪は自分の未踏の土地であるから、黒子方の住宅も見たこともないのに、どうして、今見た火災を黒子方と知ったかというと、同家の妻女が、一度、旭稲荷へ参詣に来たので、面識があってのことであった。小林は、右の火災は、稲荷神が特に自分に知らせてくれたのだと想像した。

翌早朝に小林は二階から下りて来て、階下の一室にいる嫂《あによめ》に、先刻黒子方が焼けたよと告げると、嫂は、火事が二階から見えたのかと訊いた。そのとき委細を語るのも面倒くさいので、アア見えたよと応えておいた。

やがて麻布方面から教会へ帰来したのは岡田という婦人でかねて教会に奉仕する躬《み》であるが、これは黒子の妻女の妹であるから、小林は同女に、今暁姉さん方が丸焼けした、早く一緒に見舞いに行こうと促して、見舞品を調達し、二人は自動車で急行した。

車中で小林は透視のさまを詳細に話したが、岡田女史は半信半疑であった。しかるに荻窪へ到着してみるといかにも黒子方は丸焼けで、同家や付近の人々の語るところを聞くと、すべてが小林の透視したのと寸分の相違はなかったから、小林自身も奇妙な懐《おも》いをした。

黒子方は日頃商業を営んでいたが、近来何かと不仕合せが続き、殊《こと》に病人の絶えまがないので弱りきっていた。そこで右の火災の三ケ月前に、妻女は旭稲荷へ詣り、小林に会い、一家の状態を告げて稲荷神の垂示を求めた。そこで小林は自身に神霊を乗憑《のりうつ》らせて伺った結果、それは家に悪霊の祟禍《さわり》があるのだ、早く神式の下に祖霊祭を行い、祖霊の加護を受ける必要があると告げた。

黒子の妻女は帰って良人に小林の勧告を語ると、良人は専門学校出のインテリのことと て、馬鹿馬鹿しい迷信を言うなと一蹴した。しかるにあまりに不仕合せが連続するので、ついに夫婦の相談が纏まり、前記の火災の二日ほど前に、旭稲荷事務所宛てに、祖霊祭の依頼の郵書を認《したた》め、封筒に宛て名書きをする段になり、旭稲荷の旭の一字がどうしても書けない、他の文字はスラスラとことごとく書けても、この字になると、指先が強直して書けないのだ。そこで、妻女と長女とに書かそうとしたが、これも同じこと、ついに近所の某に頼んでみたが、それもまた書けない不思議さ。それで手紙は出さずじまいになった。

後で判明したことであるが、黒子方の邪霊が、祖霊祭をさせまいとての妨害行為であったのだ。同家は火災後に新築をしてから祖霊祭を施行し、それ以来家運が順和になった。

神仙の楽音

例 一

昭和二年十一月十六日、東京本郷の日蓮宗の行者で仏師をしている矢部大等君は、甲州の行場として名高い北巨摩郡の大滝神社へ修行のために参詣した。君はその夜、拝殿の次室に端坐して行に就いていたところ、十時半のころ、拝殿の棟近い空中で、突然微妙な音楽が発《おこ》った。閑寂な山の夜の空気を破って、言わんかたなく神々しく聞こえた。

最初、二挺連吹きの笛の音《ね》に始まり、それから笙《しよう》と篳篥《ひちりき》が鳴り出したが、実に古雅な音色で、俗界にては聞かれぬ音楽であった。同夜、矢部君の外に何人《だれ》もいないこの山中の社殿近くの音楽なので、大いに異《あや》しんだ。初めは自分の幻覚だろうと想ってみたが、音響があまりに明瞭でかつ現実的で、どうしたって妄想の産物ではないから、これこそ昔から言い伝えた神仙の音楽なるものではなかろうかと、心耳を澄まして怡《よろこ》んで聴いていた。

この不思議な音楽は、約二時間余りも続いてようやく止んだが、音曲の終わりも同じく笛が承わった。そして楽声が消えると同時に、人間なら十四五人位の集まりとみえる声調で、ドッと娯《たの》しげに笑うような声がして、それでフッツリと物の音が絶え、天地は元の閑寂に還《かえ》り、峰の松吹く風の音ばかり聞こえた。

　翌朝、矢部君は社務所へ行き、昨夜しかじかの音楽を聞いたが、どうした音楽だろう、誰がやったのかと訊くと、吾々には一向聞こえなかったと答えられた。そこで矢部君は、社務所付きの巫《み》女《こ》にたのみ神前にて伺わせると、巫女に神霊（祭神は大山祇命《おおやまつみのみこと》）が憑依《のりうつ》り、最近一ケ年間に参籠した三百二十三人の修行者で、神の音楽を聴かしてやったのは、汝（矢部）が三人目であるとの誥《つげ》を下した。

　同君は大いに感喜して、そのことを社務所に告げると、所員は参籠者の人名帳を繰って、いかにも君は三百二十三人目に当たっているが今までに、君の通り神の音楽を聞いたという者が二人あったはずだとて、その記憶を辿って語り、神の音楽は、同行者があっても、神が允《ゆる》さなければそれには一向に聴こえないものであると説明したので、矢部君は非常に有難い懐《おも》いをした。

　同君はその翌年の二月十九日に、同行四名で再び登山参籠をしたが、その夜の十一時ごろ世間が森閑とする折りに、またも前回同様の微妙の音楽が、拝殿の屋上の方角から発生した。この夜の音楽は、約一時間ばかりで熄《や》んでしまったが、矢部君の外に今一人、都合両名だけが聴き得て、他の二名はどんなにあせっても聴こえないので、大層気落ちをしたという。

　同年の秋、矢部君は三度目の参詣をしたが、その夜は夥《おびただ》しい参籠者で、君は社務所の狭い夜具部屋で寝かされたところ、夜具は重いし、他室では、多数の泊り人がガヤガヤ騒ぐし、睡《ねむ》りかねて弱っていると、突然左の耳際で、

「大山祇命を禱《いの》れ」

厳たる命令的な言葉がした。君はこれを祭神の配下の霊の言葉であると知り、直《す》ぐに夜具部屋を出て、山上の行場へ神拝に往《おもむ》いたが、大いに期待をしていたのに、このたびは聴かれなかった。

例　二

京都生まれで、現今は東京で信仰生活にいそしんでいる池袋の田中康豊氏の青年時代の実験である。明治三十二年、氏が十九歳のとき、京都の小原の阿弥陀寺にて仏典研究をしていたが、或る夜十二時過ぎに、氏は庫裡《くり》の一室に就寝して、まだ目は開いているとき、遥かに本堂の方にあって、笙《しょう》、篳篥《ひちりき》と太鼓の優美な合奏が発生した。耳を澄まして聴き入ると、現代には容易に聴かれそうもない音楽である。このとき、同寺では誰も消灯して寝に就いていることなので、氏は不審に堪えないのだ。そこでソッと寝床をぬけ出て、廊下を伝って本堂の入口へ立ち、内部を窺ってみると、仏殿は真暗闇で人気《ひとけ》はさらにない、そして音楽は本堂ではなく、その屋上の空に方《あた》るようにもあり、また裏山の方にあたるようでもあり、とにかく微妙な音律を明瞭に四方へ伝えている。

氏は不思議の念にうたれて寝室へ還ったが、その音楽は約一時間ばかりも続いてから、自然に終熄した。翌朝、氏は老住職に告げると、老住職は感慨に堪えぬ面容をして、アアそなたも聴いたのか、実は咋夜自分も寝床の中で聴いていた。あの音楽は、この寺では、昔から稀《ま》れに聴かされるものだが、慾深い人間には聴かされないと云う音楽だ。場所は本堂の裏山にある開基の弾誓和尚の入定《にゅうじょう》された岩窟の辺で、仏仙たちの為される音楽だよ云々と語った。

（神仙の音楽だと見做《みな》されるものを現代に聴いたという人の実話は、筆者の知るところでも前記の外になお二つある。いずれも現存の知人で、それらは既刊拙著『霊怪談淵』に詳細に収めているが、両件ともに珍奇絶妙の内容を具え、反霊派や懐疑派といった人の一指だも付けることの出来ない性質のものだ。右実験者は、鹿児島市の乾《いぬい》善行氏父子と紀州出身の易学者九鬼盛隆氏の三人である。

乾氏父子が聴いたのは、明治年代に薩摩国薩摩郡の霊山たる烏帽子岳の山上の神祠に、参籠をしたときで、白昼の出来ごとである。また九鬼氏は、その門下生の犬塚某と二人で、大正八年の九月、遠江の霊場たる山香村の龍王権現の社殿におこもりをして深夜に三夜つづいて明瞭に聴かされたのだ。

神仙の音楽が、耳ある者には誰にでも聴こえるという性質のものではないから、心理学者輩は、その音楽なるものを頭脳の変調から生ずる幻音だと解説をするのが常套である。右の乾氏の実話に、聴くともなしに聴いていると実に明瞭であって場合も近いようだが、特に注意して聴こうとすると、音が遠くへ逃げ去って微《かす》かになるという不思議がある云々。

また右三氏の外に世に伝わっているのは、備前国赤磐郡大田村の山形尊という盲人の音楽師で、これは明治二十八年、その二十五歳の折り、同国御野《みの》郡の霊山たる熊山で聴いた。そのことは神道学者の故人宮地厳夫翁が詳記して世に発表している。）

飛んで来た黄金の魂

明治の初期に茨城県久慈郡金郷村大字岩手に、栗原浅四郎という旧家の農家があった。夏のある夜、浅四郎君は大金持ちになった夢を見たが、その二日ばかり後の晩に、夫婦は湯沐《ゆあみ》をするとて湯殿に居ったとき、突然、乾《いぬい》の空から大盥《だらい》くらいに見えたほどの、黄赤い光りの強い大きい火球が一ツ、ゾーッと嵐の来るような響きを立て地上に向かって斜めに飛んで来た。夫婦はギョッとしてそれを見ていると、その火球は、邸内の大檜の枝に衝き当りさま、球の一小部分を割り裂き、本体は檜の裏にあたっている同姓俊太郎方の邸内へ飛んで行って消え失せ、壊れた小部分の方は、バッと火紛を散らしたようになって檜の幹の本へ堕ちて消えたが、その堕ちるときには、チャラチャラチャラとあたかも銭でも落したような音を伴っていた。浅四郎は、それッとばかり、風呂から裸で飛び出し、大檜の下へ行ってみたが、何も無かった。

その時代には、世俗に、金の魂が飛んで来た家は金持ちになるという伝説が一般に信じられていたこととて、夫婦は前夜の夢に合せて、今の火球こそきっと、金の魂に違いはないと想って心の内でたのんでいたが、ちょうどそれを裏書きするような事実が現われて来た。

火球の本体が飛んで行った俊太郎かたは、その後、トントン拍子で金持ちになり、近村第一の身上となり、間口十間に余る三階建ての宏荘な家屋を新築し、門塀などの構えは、遠望したところは城廓のようで、界隈の目を驚かした。また三百人の女工を使役する製糸場を起業するなど豪勢を極めた。また一方浅四郎方も不思議に金廻りが良くなり、三四年の間に土蔵を二棟も増築して穀物や家財を収め、大酒家であった長男に対《むか》い、博奕さえ打たなきゃ、幾らでも飲め、そちが一代は毎日五升ずつ飲んでも家はつぶれないぞと浅四郎は寛闊に構え込んでいたほどであった。しかし俊太郎方も浅四郎方も、明治の末年に早くも家運が衰え、殊に前者は一時は見る影もないばかりになったので、村民は、両家が金の魂に見棄てられたものとして噂し合った。

（黄金の魂の飛んだ事例は他にもあり拙著『霊怪談淵』には著るしい、数例を詳記しておいた。なお大分市の鉱山業者奥野幸三郎君が、大正の中葉に、大和の金峰山にて、三十日ばかり天幕生活を営みながら、同山の地下の金鉱から発する黄金の精気なるものを発見して、古書『山相秘録』所載の金属の精気の事実たることを知ったに徴しても、黄金魂なるもののあながち昔人《むかしびと》の迷信と臆断し去ることも出来ぬ。しかし近年、黄金魂の飛んだというような話が世の中から絶滅をしたのは、その事象が絶無になったがためか、またはそれがあっても、流星とか電気現象とかに見做されてしまうのか、それは何とも明言し難い。）

猛火の中を飛び出した仏像

前項の浅四郎一家では、その後いろいろの奇霊があった。或る夜浅四郎方は、隣家鈴木某の厠からの失火に類焼して丸焼けとなったが、その焼亡最中に、猛火の中から、一個の光明物が飛び出して、七八間ばかり彼方の畑の中へ落ちた。浅四郎は何物だろうかと思って行ってみると、先祖の沖翁《ちゅうおう》というのから持ち伝えた家宝の一寸八分の黄金の阿弥陀如来で、厨子を残して中の像体だけが独りで火の中を飛び出したのであった。

また浅四郎方の邸内には、二尺足らずの小さい藁屋根の稲荷祠があって、周囲には何百貫とある藁が日頃山積みにされてあったが、藁と祠《ほこら》の間隔は僅か一尺内外であったので、その藁山に火が付いて猛火の屛風が出来たときには、祠は一溜りもなく焼けたことと想われた。しかるに、藁山が焼け尽くすと、その跡から、無事な稲荷祠が、ヌッと澄まし切ったさまに現われ出でたので、火事場に集合していた何百人の村民は一斉に感歎のどよめきを挙げ、浅四郎等と焼灰を踏みちらして馳せつけて拝礼をしたが、よく見ると、祠の屋根の藁に、火の粉が飛んで、小さい燻《ふす》ぼりがタッタ二つしか無く、全く驚いたものであった。

（火事の火焰の裡《うち》を独りで飛び出して焼失を免れた神仏の立像だの掛絵だのというものの話は他にも少くないが、神怪不思議なるものを迷信人の所有としてその実在を認めぬ科学教養者などは、火勢または風勢のために飛び出たものだと断定主張をするのが常習である。著者の親戚たる松江の岡家には祖先伝来の一軸の幅物があって、かねて神棚に安置されてあったが、明治前のこと、或る日の白昼、一家不在中に家から失火して丸焼けとなった。その火が鎮まってから家の者が帰来し、幅物の焼けたことを悲しんだところ、邸内の竹藪の中からその幅物が発見された。幅物は木箱に入れてあったのだが、その箱は神棚と共に焼けて、中身だけが、外部を少し焦がしたばかりで、火中を飛び出したのだ。この幅物は松江藩祖松平直政の自画像で、今では県社松江神社の神像になっている。)

神木伐りの禍殃《かおう》

これも前記の栗原方に現われた怪異である。前々項の大檜は、幹囲二丈余のもので、同邸では古来荒神の神木と称し、幹に注連《しめ》まで張っていた老木であった。しかるに明治三十五年、隣接の同姓の農家の戸主が、慳貪《けんどん》で金をためて質屋を開いていたころ、境界上の争いを生じたとき、その檜があたかも境界線上に接しているので、浅四郎はムカッ腹のあまりに、檜を伐採してしまった。すると間合もなく浅四郎は怪しむべき重病に取りつかれ、医薬無効で死んだ。家族は大檜を伐った祟りに相違ないと想った。次いで、大檜を買った栗原俊太郎かたが、また神罰と見るべきことに遭遇した。

俊太郎は、大檜を用材にして、非常に贅沢な門を建てた。観音開きの一枚板の大扉は、幅五尺を超えたもので、それを朱塗りして椀《わん》大の鋲《びょう》を打ち、さながらお大名の門の観を為し、その三階建ての宏荘な住居と相俟って巍々堂々たる構えに俊太郎方の隆運は何処まで伸びるかと衆目を驚かしたところ、門が落成して祝賀の宴飲を開く日に、一尺三四寸角の門の桁が縦さまに大亀裂を生じたので、一家は不安に襲われた。果たしてそれからというものは、家運が目にたって衰弱に赴き、数年ならずして零落し、今では既往の俤《おもかげ》がない。

漁夫に国宝視される千里眼

現在は沼津に住んでいるが、以前、千葉県大原町大字小浜に住んでいる峰姫稲荷信仰者の本吉嶺山の千里眼能力は、現代離れをしている優秀さである。海中の魚群でも、運勢でも、天気予報でも、医師の診断しかねる病気でも、その他何ごとでも、驚くべき明確さを以て透視をやるので、土地の人間は、嶺山の名を呼ぶものはなく、小浜の御嶽神と云っている。今ごろ嶺山の住む家は小浜の漁夫組合が寄付をしたもので、一生涯小浜から去《に》げてくれないように頼むと云って愛敬《あいぎょう》して措《お》かれないのだ。

嶺山の透視で、その最も秀でたのは、前記の魚群の捜索である。これは土地の漁業組合の親方が来てたのむときにばかり演《や》り、他の者がどんなに頼んでも決して演らないことになっている。それほどに彼は小浜の漁業組合の専属機関たらしめられている。

魚群捜索の容子はどうかと云うと、まず神前に坐って精神を統一する。やがて彼の魂は、小浜の海岸から太平洋の上に飛び出し、水面から一丈内外のところを縦横無尽に飛び廻って、海面を俯瞰《ふかん》する。そのとき魚群を発見するけれど、魚の背ばかり見えて種類が判らぬから、こんどは魂が海の中へ沈んで行く。嶺山のそのときの気持ちは、自分は坐っていて、海の断面がセリ上がるように見える。それで魚群を横から視ることが出来て、鯛だ鯖だ鰮《いわし》だ鰹だと判る。またその位置を知るには、世の漁夫がやる如くに、海岸の岬とか大きい建築物などから角度を取って、沖へ何町何十町、或いは東西南北へ何町何十町と指定する。その指示したことは百発百中で一度も誤りがない。

また嶺山は自動霊記も出来る。手の指に鉛筆を挟んで精神統一をやると、霊が憑《うつ》って来て、鉛筆を動かして文句を綴るのだ。彼の霊記に依る病因や治療法のために救われた病人は無数だ。彼の指導霊は、百十四五年前に故人となった水戸藩の博物学者朝倉平右衛門であるそうな。

嶺山は、少年時代に、破傷風に罹《かか》り、その一足を病院で切断したが、それでも、とても助からないとされたのに、不思議に助かったから、神仏のお蔭だと感じて信仰心を発した。それが彼に霊が憑り出した動機である。

嶺山が、小浜の漁師の親方の一人、通称「亀ン子」というのに大金を儲けさせたその透視の一件を左に掲げる（『心霊と人生』誌に依る）。

毎年五月十日は鯛漁の終末期で、網元はこの日を以て配下の漁夫に賃金を支払い、総決算をすることになっているが、亀ン子にはこの年一向に漁獲がなく、四月下旬に迫って金の出来る見込みがない。一日、嶺山は飄然と亀ン子を訪れると、亀ン子は蒼い元気のない顔をしている。どうしたと訊くと、六千円足らない、家も網も世帯道具を売っても持ちきれないとて悄気《しょげ》ていた。嶺山は我を忘れて「よし、俺が引き受けた」と叫んだ。

それから三日目に、自動霊記が出た。明日は正午ごろから西風が吹く、それには構わずに一里沖へ出て、海面に白く筋の通った箇所を捜せ、それが見付かったら、大原駅の屋根を正面に見て北から南へ網を張れと云うのだ。

　果然翌日は午前中からかなり強い西風が吹く。外の組合の漁舟は出漁する模様があったが、亀ン子は海を眺めて出漁をしそうにもない。彼は嶺山の自動霊記に信用を措かなかったのだ。曰く、不運つづきの自分は、この風に船を出したところで、私の網に入る魚は無いからと言うていた。嶺山は躍起となって、俺を信用しろ、大丈夫だ、船を出せ船を出せ、波が高くなっても引き返すなと言って励ました。亀ン子は幸いと船を出す気になった。漁夫を駆り集めた。

　漁夫は馬鹿にし切って、ノロリノロリと艫《ろ》を動かし出した。彼の船が、大東岬の鼻を廻るころ他の網船は続々と回《かえ》って来た。風が非常に強くなって来たからである。亀ン子の漁夫は、親方、おまえさんはやはり網を浸ける考えですか、悧巧な連中はあの通り戻って来るのにと……セセラ笑った。亀ン子は黙って海面ばかりを見つめていた。

　約一里ばかり風に追われて沖へ出たとき、果して一条の白い線を発見した（暖流と寒流の衝突線）。そのころ海上には、他に一隻の網船も見られなかった。亀ン子は網を入れよと命令した。漁夫は、嘲《あざ》笑った顔をしていて手を動かそうともしなかった。サア入れるだと亀ン子は催促した。親方は気が狂ったかと聞こえよがしに言った者もあった。だが、ついに渋々ながら網を下ろした。

　サア揚げろと命令されたとき、遊び半分に網を揚げ始める内、ピカッと海中で光った。「今のは何だい」「鯛じゃあるまいか」「亀ン子に取れる鯛なら、うどん粉が付いているだろう」戯言《ざれごと》を云い云い揚げてゆく内に、こんどは明らかに大きい鯛の姿が見られ出した。五尾十尾二十尾、網は分一分と重くなってくる。

「親方鯛ですぜ！」

この声を聞くと、胴の室《へや》にへタリ込んでいた亀ン子が、刎《は》ね返されたように飛び起き、舳《へさき》へ駆け出して来て網の中を覗いた。網の中は何百何千か数の知れないほど金色燦爛だ。

三隻に分乗して漁夫どもはモウ一生懸命だ。権呼懸声をして網を揚げた。片ッ端から船の中へ拾い入れた。かくて大漁旗を勇ましく押し立て浜へ漕ぎ戻った。亀ン子は船から上がると、その中の大鯛を一枚提《さ》げて、自宅へも帰らず驀《ばく》地《ち》に嶺山の家へ飛んで来たが、そこの神室の祭壇の前に坐ったまま頭を下げ約三十分ばかり物が言えなかった。そのときに出た自動霊記が左の指示であった。

「人間には嬉しいあまりと云うことがあるが、極《ご》く悪い、何故あれへ二度目の網を入れなかったか。明日は現場から半里西へ、白い線を目あてに網を下ろせ」

亀ン子が第一日に漁獲した鯛は四千貫を超えた。そのときの相場は一貫目三円であったので、ザッと一万二千円の水揚げをした。第二日に船を出すと、亀ン子が空前の大漁をしたと聞いて、小浜はもちろん、九十九里浜、鴨山辺の漁師までが、ことごとく亀ン子の船を目標にして競い出た。亀ン子はこれらの連中を蒔《ま》くために、わざとあらぬ所に船を廻して網を入れると見せかけて、逸《いち》早く指定された場所に網を入れて、この日も二千貫あまりの鯛を獲った。亀ン子の船を、首尾よく踉《つ》け果たせた船に「三味線」というのが千貫あまりを獲った。その他の船は二三十貫から百貫止まりであった。

亀ン子は二日間に一万八千円を稼いだのである。小浜の漁師が嶺山を国宝視するのは、こうした事実からだ。
（人間の肉眼に、エッキス光線のようなものが無い限り、透視というものは、あり得べからざるものだとて千里眼なるものを否定するのが、現代の科学者の常套である。また科学者外の人間にて、たまたま千里眼なる事実を認めるものもあるが、それらの人は、千里眼の作用を一種の直感か、または読心術の如く、何人《だれ》かの潜在意識を感応するものと解している。それゆえに後者は、地中深く存在しつつあって、何人《だれ》も見知る者のない鉱物の鏈脈《ひみやく》などは透視にかかるべきものでないと主張する。けれども、優《すぐ》れた千里眼は、地中の鉱や水脈《つる》などを明確に透視する事実がある。

透視なるものは、その人の霊感になるのと、憑霊の応援に依るのと二種あるが、概して後者が多数である。前者霊感なるものもまた二様の場合がある、一つは居ながらの直覚的霊感、他の一つは、心霊の一部分が肉体の外に脱出して、目的の箇所へ行って視て来るのとに区別される。筆者の知人たる神戸の千里眼の如きは、遠隔透視をなす場合に、その心霊の通過する途中における顕著な出来ごとを視《み》得ることが毎度のようにある。例せば、かつて或る人の求めによって深夜某家の容子を透視するとき、途中の或る旅館の軒灯から発火して烟《けむり》を発しつつまさに大事に至ろうとしあるのを視、驚いてその家に報知し、消火をさせた事実もある。）

血ヘドを吐かされた盗人

静岡県庵原《いはら》郡両河内村の望月平吉方にて、一夜何者にか、籾米一俵を窃《ぬす》まれた。その籾米は、四個のイチコに分けて入れてあったものだ。

ちょうどそのころ、現時東京阿佐ケ谷に住まって天照会を創立している霊能家熊谷武子女史が帰省して、平吉方の隣家望月満太郎方に泊っていたので、籾米の所在を透視させた。

武子女史は透視をして、……その籾米は、ここから西方約十町の方の左側道傍の一軒屋の軒下に積んである云々と告げた。そのとき居合せた村の助役望月謙次郎外六名の村民が、その一軒屋△△定造（変名）方へ行ってみると、透視に違《たが》わず、四個のイチコが軒下にそのまま積んであった。定造は、平素から性行の良くない農夫であったので、人々は彼を呼び出して、お前はこの籾をどこから持って来たかと詰問すると、定造は憤怒の色をなし、どこからとは何事か、これは自分の家で作ったものだと抗弁するので、一同はとにかく引き上げた。

その夜、武子女史は、各人と談笑して夜を更《ふ》かしていると、定造方の近所の一青年が顔色を変えて駆けつけ、定造が、東京から来た婦人がよけいなことをしゃべって俺を泥棒にした、不都合な奴だから殺してやるとて、今出刃庖丁を研《と》いでおります、何分無法者だから、早くどこかへ身を交わして下さいと息せききって告げた。

そこで各人は女史を警護して隣村なる小島村の某家へ送りつけたのは午前二時ごろであったが、その跡へ定造が出刃庖丁を提《さ》げて満太郎方へ走り来て、家の敷居を跨《また》ぐと同時に、庖丁を提げたまま、ウーンと苦悶して倒れた。満太郎は傍《そば》へ寄って引き起こしてみると、口から血反吐《ちへど》を吐いてもがいているので、早速医師を迎えて注射させ、なおいろいろと手当てをしたが、血がどうしても止まらぬ。

満太郎は考えて、これはきっと神罰である。自己の悪事を棚に上げて、神の守護を得ている武子女史を恨むなどの逆事《さかごと》の結果だと断定し、武子女史の赦しを得ねば駄目だとて早速このことを女史の避難先へ報じてやった。

使いの人間が女史の許《もと》に着いたのは夜明け前であったが、女史の方でも驚いて、こちらでも只今神さまからお小言を頂戴していた、お前の体はかねて自分が守護しているから、いかなることがあろうと恐るることはない、何故お前は敵に背を見せるようなことをしたのかと言われたところだと告げ、それから女史は一室の神棚のお塩をつまんで与え、これを頂かすと直《す》ぐに血は止まる、早く服《の》ませよとのことであった。

使いの者が帰着してすぐにかのお塩を水に溶かして定造に服ませると、吐血がたちまち止んだ。そのとき彼は心から懺悔をし、涙を流して詫びごとを述べ、翌朝大勢の人に伴われて女史の避難先へ行き、面会して悔悟し、籾を返還してその後は生まれ変わったような善人となった。このことは大正三年の二月の出来ごとであった。

位牌に来た四疋の怪蝶

大正十二年十二月十二日、隠岐国都万《つま》村大字大津久の漁夫、斎藤正一は、長男幸造、二男恵、四男勇、の四人連れにて朝鮮海に出漁中、時化《しけ》に遭って親子四人とも溺死をした。

その翌年の陰暦七月十三日の初の盂蘭盆《うらぼん》の夜に、斎藤かたの仏壇に、その地方にて見なれぬ異《かわ》った蝶が四疋、翅《はね》を揃えて屋外から仏壇の中へ飛んで来て、前記四人の位牌へ一疋ずつ分れて停《とま》った。そして怪しむべきは、人が近寄っても少しも恐れずに、十五日までそのまま位牌の上に停っていたが、仏送りをする前に、いつの間にか四疋ながら飛び去ってしまった。

右の事実は、どんな疑い深い人間でも、四人の溺死者の精霊が蝶に化して来たのだと想わずにはいられなかった。

（隠岐国の風習として、古来、盂蘭盆に、新仏《にいぼとけ》のある家では、家族が希望をすると、仏前の瓜類の牛馬のいずれかへ、爪の痕がついて新仏の魂の来たしるしとされる。本文の怪蝶のことを報告された都万村役場員佐々木氏の自家にて経験として、左の事実がある。

昭和四年五月、氏の十四歳の長女が永眠し、その新愁の消えやらぬうちに盆会《ぼんえ》になった、十三日の夜に、氏方の親戚が仏拝みに来たが、その内の一人の老婦人が、氏の愛女《まなむすめ》の位牌に対《むか》い、精霊として来ているならば、瓜にしるしを附けるようにとの希望を通じた。

その夜は更《ふ》けるまで、人々は仏室に団欒して賑々しく雑話をしながら、何度となく爪を検査した、けれども何のしるしも発生しなかった。十二時を過ぎてから、灯明が二度まで消えた。その度毎に点灯されたのであるが、二度目の灯は、佐々木氏自身で点けた。ちょうど、午前二時ごろであったが、そのとき氏はふと爪を見ると、四ケ所へ判然と少女の爪とも見るべき痕が出来ていたので、氏は驚喜した。

精霊が爪痕をつけるのには、霊はその指を固形物質になすべく、凝化作用をなす必要があるが、それには、灯火の光線に妨げられる訳があるので、霊は故意に灯明を消したのであろうと想像される、仮りに灯明の消えたことは他の自然事に原因したとしても、少女の霊はそれを機会として爪痕をつけたのかも知れぬ。霊が顕界にその形貌を現わす場合に、光線を厭《いと》うことは、心霊科学において夙《つと》に認められている事実であるが、霊の力の強烈なものは、白昼太陽の下にでもその幽姿を現わすに少しも苦しまぬ。

唯物学者にして反霊魂論者は言う、蝶や蛾や蜻蛉《とんぼ》などの灯につく虫はいくらもある、開放された夏季の盆会に、夜分に虫が飛び込むのはあたりまえだと云うが、蝶が新規な死者の霊のしるしと見られる奇異な事実は世に少くない。筆者の知友会津人のH君の父が東京の旅館にて病死をした翌朝、そのときは二月の極寒季で、会津は積雪二尺余に及んでいた日であったがH君方の仏壇から五寸大の黒い蝶が飛び出して家の内を飛び廻った末、どことなく姿を隠した。またその折に、仏壇に、H君の父が東京へ行くときに懐中して出た印伝の革財布が在ったので、父の異変と知ったとき、東京の旅館か電報で訃《ふ》をよこした事実があった。)

日本一の化物屋敷

福島県伊達郡伊達崎村で代々医師を業とする旧家の熊谷元亮《もとすけ》氏は、明治七年十月、隣郡の桑折町にあった米沢藩の代官屋敷を買い取って我が住宅に改築し、その竣工式を日が暮れてから挙行した。

大工左官畳職雑役夫の類五十何名が、三室ブッ通しに居流れて、陽気に飲んでいる最中、どこからともなく、数十個の拳大の石礫《いしつぶて》が、バラバラッと宴席に投げ込まれて、杯盤を壊すやら、人の頭に瘤《こぶ》を生やすやらで、大騒ぎを喚起させた。

そこで、何奴《どいつ》の悪戯《いたずら》だか、引ッ捕えて叩きのめせとて、連中がドッと起《た》ち上がって庭や表の外へと飛び出してみたが、一向にそれと見るべき人間がいない。忌ま忌ましそうに舌打ちして元の宴席へ戻りまたも飲み始めると、たちまち先の如く大小無数の石が飛んで来る。

そこで一同はまたも憤然飛び出して邸《やしき》の内外を隈なく捜索したけれど、毫《ごう》も怪しむべき者を見付けない。

同じことが更に二回繰り返されたので、こんどは主人の元亮氏が二十余人を率いて家を取り捲いて厳重に警戒の眼を光らしていたのにかかわらず、一回に六七個ぐらいの石が束になって坐敷の中へ投げ込まれることが七八度も続いた、ついに各人は呆れはて、酔いも興もさめてしまって戦慄して退散した。

この夜に投げ込まれた石の総数は何百個に上り、翌朝集めてカマスに二ハイ棄てた。

熊谷家への石投げの怪事は、その後、何日となく昼夜の区別なく続いたので、その噂が近郷近在に伝わり、所轄の桑折警察署から、強健な巡査が数名派遣されたが、何の効《ききめ》もないので、阿武隈川を越えて梁川町の消防夫を十数人呼びよせ、警察と合体して、家の周囲を厳重に護らせたが、それでも、坐敷へ石を投げ込むことがやまない。畳屋や左官が残りの仕事に従事するのも、戦々兢々のありさまで、投石の本尊が人や狐狸でなく、魔物であると思われたから、ついに村民の屈強なものが棍棒《こんぼう》や竹槍などを携えて同家を二重三重に取りまいて警護の陣を張り、時としては山伏を招いて法螺貝《ほらがい》を吹き、降魔の声をなさせたけれど寸毫の効験なく傍若無人に石が飛んで来た。怪しい石降りはかくて一ケ年も続いた。

熊谷家では、四斗五升入りの米俵を毎月いくつもはたいて焚き出しをやった。いかに多人数が昼夜の警戒に当たったかを知るべきだ。

当時投げ込まれた石は、六十余年後の今日に、なお同家の井戸端に七八駄以上も敷き散らされ、なお邸内諸所にうずたかく積まれてあるが、それらの石は形状、色彩、大小の相違はあるも概して茶褐色を帯びた山石で、最大のものは椀大で四百八十匁《もんめ》に及び、同家から一直線に五十余町を距《へだた》るところの半田山という銀山にある石と同種のものであるから、投石の本尊は半田山から投げ出したことと想像された。

石投げの無い日もあるが、その代り他の異変があった。夜中に突然屋鳴り震動がしたり、屋上の空の方でベラベラ饒舌《しゃべ》る声がしたり、天井裏で美声で唄ったりした。

戸主の元亮氏は他家から婿入りした人間で、老主人たる養父の半兵衛というは、容貌魁偉の豪傑肌であって、魚を漁《すなど》るのが嗜《たしな》みであった。この人に睨《にら》まれると、水中の魚は動けなくなったほどの気の強い人間であったので、自家に起こる怪異を一向に気にかけず、甲経た狐か狸のすることでタカの知れたいたずらだと嘲《あざ》笑っていた。それで一家のものも、あまり恐怖の念を抱かなかった。

或る朝、下女が早く起きて表戸を開けると、盲縞の絆天を着て、股引《ももひき》を穿《は》いた四十余りの小男が、虱《しらみ》絞りの手拭いで頬冠《ほおかぶ》り姿で、家の内から、鼻唄で出て行ったのを見て大いに驚いた。そのことを半兵衛に告げると、そんな馬鹿なことがあるかと冷笑した。

それから二三日経ってのこと、日が暮れて半兵衛が酒を飲んでいると、盃《さかずき》がベッタリと頬に吸い付いて、どうしても取れなかった。そのとき半兵衛も我を折り、頭を畳にすりつけてお化《ば》けさま、拙者が高慢な懐《おも》いをしたのは悪いです、どうか盃を離して下さい。自今侮《あなど》りは致しませぬからと詫び言を言った。すると、盃がポロリと離れて落ちた。この事があってから、剛強自慢の半兵衛も勝手元に祀棚を設け、神酒や飯を毎日供えるようになった。

祀られてお化けは機嫌がよくなったのか、その当座は悪戯をやめて、半兵衛の晩酌の肴に、どこから需《もと》めて来るのか揚げ物を膳の上へ降らしたり、または酒代のためらしい、文久銭を降らしたりするので、半兵衛は、いつも「お客さん」と呼んで尊敬をしていた。しかし誰《だれ》人にも怪物の姿は見られなかった。

村に金太郎という腕っ節の強い博徒があって、或る夜、怪物の正体を俺が見届けると豪語し、手に短い棍棒を提《さ》げて泊りに来たところ、夜中にヒドイ目に逢わされて逃げ出た。その体が毬を手玉に取る如く、畳の上から天井板まで刎《は》ね上げてブッカラされたり、手足が引き抜かれそうに激しく引っ張られたりして我慢が出来なかった。

そんなことが評判の種となり、病人の足も遠ざかると、急に元亮氏の治療が良くなって来て、かえって以前よりも繁昌をした。これはお化けの加勢だと信じられた。

同家の怪異が始まった年の翌年の正月に、一里ばかり隔《へだ》たった保原町の青年医師の高城顕孝というのが、年始に来たので、半兵衛と元亮氏の親子が取り持って酒を始め、談《はな》しがお化けのことに及んだ。そのとき高城は、もしこの場へでも出たなら一刀にブチ斬ってやると酔うた元気に広言を吐いた。すると元亮氏も、そうだそうだと合槌打った。ちょうどそのとき、勝手元で女中が芋汁を拵《こしら》えていたが、その摺鉢が酒坐敷へ飛んで来て元亮氏の頭上で宙返りをしたから元亮氏は、頭からトロロを浴びせられて大いに弱った。高城はそれに吃驚《びっくり》して周章《あわて》ふためきて逃げ回った。そして帰途に阿武隈川の渡船場へと磧《かわら》を急いでいると、腰に佩《は》いていた脇差が独りで鞘《さや》から抜け出して空中に踊り出し目の前で閃《ひら》めくので、あぶなくて一歩も前進が出来ず、やむを得ず後へ引き返して逃げ出すと、刀身が前へ廻って来て閃くので往生してしまい、砂上に跪《ひざまず》いて頭を地にすりつけ、先程の広言を謝ると、抜刀がハタッと地上へ落ちて鎮まった。後日、高城は、一生そのときほど恐ろしい目に逢ったことが無いと述懐をした。

或る日元亮氏は、家の怪異を鎮めようとして、有名な山伏を頼んで連れ回り、祈禱をさせると山伏の背後に、姿は見えないけれど、高らかに読経をするものがあるので、山伏は驚いて逃げ出した。

何ぶんと熊谷家の怪異の噂が高いので、警察から県庁へ上申し、郡衙《ぐんが》からもまた報告書が提出されたので、治安上棄てておかれないとあって権令《ごんれい》（その時代には県知事を県令と呼び県令補を権令と呼んだ）の安場保知というのが、参事の山吉盛典外数名の属官を随え、郡長等の案内で実地臨検としてわざわざ熊谷家へ出向した。

熊谷家では、県令の来臨を光栄とし、検査が畢《おわ》ってから、一同を表坐敷に請じて盛膳で饗応をした。そのとき、県令と列《なら》んでいた山吉参事が、妖怪なんかは、封建時代の迷信期に現われるはずで、この御維新の文明風が吹く折りに現われる道理はないのだ、邸内の多くの石礫は、きっと、村の者の悪戯だろうなどと八字髭を撚《ねじ》りながら気焔を吐いた。するとこの人が箸を付けようとした刺身の皿がスーと膳の上から消えてしまったので、オヤッと眼を瞠《みは》った。

それと見た当日の接待役たる鈴木藤左衛門とて、熊谷家の親戚人が、ああまた始めました、無礼な奴でございますと言って起ちかけると、その藤左衛門の膳の吸物椀が、膳から飛び出し台所の横の土間へ叩きつけられて砕けた。礼を知って差し控えたのか、それとも県令の威厳に畏《おそ》れてか県令の膳部には何のわざをも施さなかった。けれども県令は、かかるところに長坐は無用と倉皇として随員をつれて引き上げ、折角熊谷家が心をつくした盛膳美酒は誰人《だれ》も一口だにつけずに無駄事となってしまった。

この日も、同家は例によって、数多《あまた》の警官と多くの防火夫とがいかめしく取り捲いて警備の陣を張っていたのであるが、何人《だれ》も依然として魔ものの正体が摑めぬので、徒《いたず》らに切歯扼腕しているのみであった。

さて県令は帰庁匆々《そうそう》、各課の主任を集めて、熊谷家の妖怪退治の会議を開いた結果、熊谷一家に立ち退きを命ずるに一決しその使者が派遣された。

立ち退きの命を受けて、謹《つつし》んでおうけする熊谷家ではなかった。いやしくも先祖を源氏から惹いていて、代々苗字帯刀を許されている家柄が、妖怪変化の悪戯に畏れて家を立ち退くとは、家門の名折れ、この上、いかような怪事があろうとも、家を捨て他へ移ることはまかりならぬとキッパリ辞退をした。勧降使に対する決死の籠城にも比すべき態度であった。

県庁ではさらに会議を続けた。一老吏の献策で、その時代に稀物で高価な品である三尺近くの硝子《ガラス》鏡三面を県費で購入して熊谷家の要所要所に掲げさせることになった。妖怪の本相をこの浄玻璃《はり》の鏡面に照らし出そうとするのだ。滑稽千万な企画だけれど、その時代相応の智識で、県令以下大賛成の奇策である。なおまた、夜間の照明用とせよとて、そのころに田舎で容易に求められない洋灯に添えて、石油一缶をも交付した。

また右の外に、剣道師範の尾村某という県下随一の剛勇漢をも派遣した。この人は奥羽戦争にて敵数人を殺傷した経歴者であった。彼は帯刀姿で堂々とやって来て、朝間から、一室の炉辺に坐を占め、手もとに樫棒を置き、眼を八方に配り、妖怪出でよと待つさま、いとも頼もしげであった。

しかるにこの日に限り、午飯時《ひるめしどき》近くになるまで、小石一個だも飛んで来ぬので、師範の鼻は自ずから高くなり、炉に挿してある鉄の大火箸を取り、徒《いたず》らに灰の中へ文字を書いて徒然《つれづれ》の懐《おも》いをやっているうち、その手の火箸が、グイと奪われてしまって影も形も失った。剣士はギョッとして眼を剝《む》くと、火箸は竪形に二本の足を揃えて、頭上数尺の空中にかかっていて、徐々に天井の方へ昇ってゆくのだ。剣士はそれを見るなり、傍《わき》の一刀抜くより早いか、エッとの懸け声もろとも、火箸の鐶《かん》の上方の空を一太刀切り払うと、不思議や、目釘のなかった太刀の如く、刀身だけが抜け出て空に止まり、柄《え》ばかり手もとに残った。遉《さすが》の剣士も面喰らってなすところを知らぬもの如く、茫然立ちずくみになると、空中に停《とま》っていた刀身が刀尖を下向きにして来て、剣士の頭を軽くツクリツクリと突く痛さ、まるで奇芸師のやりそうな揶揄《からかい》だ。剣士は呀々《あつ》と噪《さわ》いで、体を右左へと交わして刀尖を避けていたが、隙間なく突かれるので、たまりかね庭へ飛び出した。すると刀身と火箸とはどこへか消え去ってしまって、ついに再び還らずじまいになった。

その後というものは、怪物は金属製の器具に眼をつけ、庖丁類、鉄槌、鉈《なた》、鑿《のみ》、火鉢、火箸、鎌、鋤鍬《すきくわ》、針、鋏《はさみ》等、いやしくも金気のものは何品といえども、いつの間にか、どこかへ奪い去られてしまう。殊に同家重代の太刀脇差七十二本もその難を免《まぬか》れることは出来なかった。爾来今日に及んでそれらの品々でついに一個も発見されたものがないのだ。

石投げがしない日には、その時代に世に通用された一文銭が毎度飛んで来た。また、そのころ田舎に需要されたネジリ飴タンキリ飴がよく坐敷の中へ降って来た。

熊谷家では、付近数里の町村へ、手の届く限り取り調べを進めたけれど、穴あき銭や飴菓子の紛失したという家を発見しなかった。

物を降らすのは一種の好意とも見えたが、その傍《かたわら》では襖《ふすま》を破ったり、袋戸の扉に疵《きず》をつけたりした。

熊谷家の妖怪の本態を究《きわ》めるために各所の祈禱師が骨を折った中に、半田山の蔭の万蔵稲荷の熊谷太夫とて、界隈に著名の老年の行者が奮然と蹶起《けつき》した。

この人間は、熊谷家に女中奉公をしているトヨという若い女の祖父で、元、同家の分れの家筋であったから、ぜひとも自分の法力で妖怪を退治せねば一歩も退《ひ》かぬ決心であった。

いよいよ祈禱執行の日になると、熊谷家では、朝の内から、各室へ、うずたかく積もるまで盛んに小砂が降り出した。各人は意地にも我慢をしてみたが、頭や顔へ時雨の降り注ぐ勢いで降り当たるので、ついに居たたまらなくなり、隣家の斎藤政五郎と云う人の家へ一同が避難をした。

すると、土砂はそこへまで人々を追っかけて行って、しばらくの間、両家の人間を騒がせた。

その隙に、太夫は村の若者どもを指揮して、熊谷家の二階の一室に祭壇を構え左の供物を列《なら》べた。

油揚豆腐　六枚
鶏　卵　十六個
生　鮎　六十尾

（六月の一日で、この日は阿武隈川の今年の初漁の鮎）


右を各二個の三方に盛り、百匁掛けの大蠟燭二挺を点《と》もした。

で、太夫は衣冠束帯で、幣束を執り凜々《りり》しく祭壇の前に立ち、厳《おごそ》かに祭文《さいもん》を誦《よ》み始めると、今まで三方の上で死んだように静まっていた鮎が一尾残らずことごとくピンピンはね出して、三方の上、五六寸乃至一尺ばかりの高さへ舞い上がり舞い下り、段々調子づいて来て果ては大道の奇術師が、手鞠受けでもやるが如くポンポンポンポンポン巧みに踊り立ち、銀鱗を灯明に輝かすさまは、怪しくもまたいと興味があった。

生鮎の踊りがしばらくつづいて、祭文も終末に近づくとき、忽然と灯明が消え、太夫の手の幣束が手を離れて空中に逃げて踊り、次に太夫の冠《かんむり》が横へ飛び、身に絡《まと》われた装束はズタズタに裂かれた。遉《さすが》の太夫も茫然として真蒼《まつさお》な顔面で立ち往生をしていると、たちまち二階の窓から大地へ投げ飛ばされ、そのまま気絶した。

人々は驚いて階上から駈け降り太夫を引き起こして介抱し、正気に戻して、その住家へ送り届けた。妖怪は熊谷太夫をいじめてから二日二夜、荒れ放題に荒れそれから、こんどは太夫の孫娘のトヨ子に取りつき、癲癇《てんかん》の症状を一日に五六回も発生させた。その上、彼女の額《ひたい》へ、富士山形にベットリと黒いものを塗りつけ、驚いて洗い落すと、すぐにまたも塗りつける、何度となくこれが繰り返されるので、同女はこん負けをして顔を洗わずに幾日かを暮らした。

主人の熊谷氏は、嫁入り前の娘盛りの身に、万一のことがあってはならぬと心配し、暇をやることにしてその旨言い渡すと、喜んで出て行くかと想いの外、私だって先祖は武士の身、いくら水仕《みずし》奉公をしていても、心は勇婦です、妖怪に負けて立ち退いたと言われるのは嫌、たとい取り殺されてもこのまま奉公致しますとの凜々しい申し出で、主人夫婦も感心をしてトヨ子の自由に委《まか》せた。すると妖怪も感心したのか、その日限りに同女を悩ますことをやめた。が、墨ぬりはトヨ子から他のものに移った。それは元亮氏の愛蔵する書籍の『博物新篇』の所々へベタベタと墨ぬりが行われた。

或る日熊谷家では、使用人の伴四郎というのに、六十五円の金を持たせて村内字小沢の後藤孫兵衛という米商人に支払いに行かせた。六十五円はその頃の大金であるから、伴四郎は財布を風呂敷包みにしてそれを胴に捲きつけて行き、手渡そうとして懐《ふところ》を開くと、胴捲はいつの間にか消えて無くなっていた。

右の外、いろいろのことで熊谷一家のものを悩ますこと二ケ年半、たまたま妖怪も疲れるとみえて何日も無事な目をみせるけれど、たちまちまたやり出すといったふうで、ついに三年目になって、最後の大怪異を演出した。

或る日の夕方、衣類をつめている大事な箪笥が、独りでスーッと庭へ下りて行き、錠の下りている各抽斗《ひきだし》の中から、燻《くすぶ》りの烟《けむり》がプーと吹き出る。慌てて駈け出し、錠を開けて抽斗を抜いて見ると、中の衣類で、主人夫婦のものに限り、一枚も残らず焼け焦げてボロボロの灰燼になっており、夫婦外の者の着衣は同じ抽斗の中にあっても異状が無い。また、箪笥の板にもいささかも焼け焦げの跡もない。

次の日には、また他の箪笥の中が燻って烟を吹き出し、主人夫婦の着衣が焼かれる。こうして毎日一棹ずつ害せられてついに主人夫婦の衣類は全部焼かれた。元亮氏は患家へ往診の折りには、老母の縮緬《ちりめん》の衣を臨時に羽織に仕立て直して着用したが、患家から還って来て、脱いで衣桁《いこう》に掛けると、直ちに火が付いてボーと燃え出して灰になったが、その衣桁の他の衣類は何ともない。元亮氏が婿入りの折りに、家つき娘のミネ夫人の祝言着であった晴衣《はれぎ》が一切（裲襠《うちかけ》、振袖、下着、丸帯、繻絆、腰巻、帯揚《おびあげ》に至るまで）灰燼になってしまい、同夫人の終生の恨事とさせた。

かくて明治十年旧九月二十四日の朝、元亮氏は、邸内の柿の実四顆を摘み採って、影も形もない妖怪の祀棚に供えたが、それが気に叶ったものであろうか、その日を限り、さしもの魔障現象がピタリと終熄した。ただしお化けのせいであったか何か不明だけれど、九日ほど前から飼養された洋犬のマツが、何物にか両方の耳を咬み切られたようになっていた。

熊谷家の建物が、旧米沢藩たる上杉家の桑折の代官屋敷であったことは前に書いた通りであるが、明治初年ごろ、その代官屋敷に勤務したことのある沼崎幸三郎外一人の老人の話によると、米沢藩から代官所へ派遣されていた尾崎大八郎というは、非常な酷吏であって、いささかでも怪しいと認めた人間は、理非も糺《ただ》さず捕縛して来て斬罪に処したから、怨霊が、建物に絡みついているに違いないとのことで、建物が熊谷邸へ遷《うつ》らぬ前にも、ズイテンボ（随天坊か）と呼ばれる無形の怪霊が、夜々あばれ廻り、代官所の宿直員を悩ました事実もあったという。

また右の大八郎時代にも、虱《しらみ》絞りの手拭いで頰被りをした小男が、白昼に屋敷の周囲をうろついていたのを村民中に見たものが二三人あった。また大八郎も、怨霊に悩まされ、毎夜のように魘《うな》されたので、下野《しもつけ》の古峰神社から、神仕えをする天狗を請待して代官所を護ってもらい、それでしばらくの間無事を見ていたが、しかし大八郎は、身を焼くような高熱を病んで悶死をした。明治になって熊谷家はこの因縁つきの建物を安価で買って、建坪七十余坪の家を建てたとき、天狗を古峰神社へ返納する手続きを履《ふ》まなかったことを気づき、元亮氏自身で古峰神社へ詣り、天狗戻しの式を行ってもらったこともあったが、同家の怪異の一半は、天狗のせいであったかとも想像されたという。因《ちなみ》に当代の熊谷家は喜平氏で藤田町に医業を開いている。

床前から出た怪語

千葉県印旛郡六郷村に佐瀬重助という馬追い職があった。明治初年のこと、道路で一本の太い煙管《きせる》を拾った。赤鬼と青鬼とが二疋凸彫《とつぼり》になっている作の良いものであったから、届け出もせず家に置いて居室の板床の上に置いたが、その青鬼が口から火焔を吐き出しているのが、何となく心を惹いていた。

拾ってから五六日経った或る夜、重助は深更にふと目を覚ましたところ、床の下が燃えているらしく、板床の板の合せ目の隙間から火光が見えた。驚いて起き上がりさま、火事じゃないかと叫んだ。すると床の上の方から、

「時節じゃ」

と強く呼ばわった声が聴かれた。で、重助は、皆起きろ、火事だとて家族を呼び覚ましたが実に急火であって、見る間に屋内一面に火が廻り、家財はほとんど一品も取り出すことが出来ず、児女を助け出したのがようやくのことであったぐらいな奇怪至極の火災であった。

重助の拾った煙管は悪い因縁つきの煙管で、元の持ち主も、その祟禍《すいか》に閉口して棄てたのを、重助が拾って災難を受けたものと解せられた。重助は後で、煙管の鬼が時節じゃと叫んだものだと言っていた。

現今は、重助は故人になって、その相続者の代であるが、娘が三人あったところ、長女も二女も、二十一歳になると必ず死去する。三女は、容姿の良い女であるから、嫁にしたいと思う人が少なくないけれど、来年になって二十一の齢を無事に越したら貰いにかかろうとて皆が遠慮をしている。これは四年前のことであった。

（時節じゃと叫んだ声は、現実の肉声であったか、或いは重助の幻聴であったかは明白で無いが、多分は煙管に因縁を有《も》つ霊鬼のなした幻声であったろうと解せられる。また娘が皆若死するのは、両親が、香取神社の山から、常に無断に榊を伐って売る神罰だと村民が評している。）

物品の千里寄せ

昭和五年七月、大阪の心斎橋筋なる服部時計店の三階にて、東京心霊科学協会が主催で、松守某たる霊媒（巫《おとこみこ》）を使って種々の心霊現象を実演させた中に、物品の千里寄せを試みた。千里寄せなるものは、短時間内に数百千里の遠隔地から、動植物でも器具でも、重量ある物を飛来させることで、科学の関係せぬ一大不可思議極まったことである。我が国では昔は、山伏祈禱師の類がこれを行ったもので、近年西洋でも、心霊研究家が実験をして事の実在であることを認めたことである。（西洋では人間の体をも千里寄せにかけて立派に成功をした、もっともその距離は二英里《マイル》ほどの短距離であった。）

さて服部店内の実験室＝厳密に奸策《トリツク》が予防された設備になっている＝で、精神統一状態に入っている松守某の口を通じ、彼の守護霊（回教徒の亡霊）が、列席者の内一人の家から、一個の物品を引き寄せると宣言した。約五分時ばかりを経て、カタリと音がして卓上に落ちて来た物がある。それは来会者の一人であった横浜市鶴見北台なる浅野文学士の門札であった。霊はなお告げて曰く、この木札には一疋の虫が居る云々。

各人は手々に木札を取って一瞥《いちべつ》をしたが、虫を発見しない。そのとき霊はまた曰《い》う、裏に虫穴がある、虫はその中に居る云々。いかにも虫穴があったので、針の尖端でつついたら、蛆《うじ》の児のようなのが一疋出た。

この千里寄せの実験のあったのは、夜間であったのであるが、鶴見の浅野方では、翌朝夫人が起き出て門戸を開けたとき、たしか前日まであった門札が剝ぎ取られているので、どうしたことかと異《あや》しんでいたが、その夜、大阪から帰来した主人が、門札《もんさつ》はここにあるとて出してみせたのである。窓や扉が密閉してある実験室の内へ、いかなる空隙を潜ってこの木札が飛び込んだかの点さえも不思議である。

（心霊科学では、この疑問を明快に解決している。そのことはここに書かぬ。）

水神は赤蛙

東京巣鴨の修験者、栗原日喜堂が、大正年間水戸にいたとき、一ツの興趣ある霊象《れいしょう》に出会った。巡査部長弥須某の新妻のイシ女が、そのロイマチス病患祈禱のため、栗原方へ来て泊っていたが、彼女は日々軽快に向かい元気がつき或る日、裏の井戸へ出て水を汲んで屋内へ戻ると、間もなく変な加減の発熱を覚え、また堪えがたいほどの寂しさを感じ出した。それで、ああ寂しい寂しいと二日ばかり言いつづけた。

栗原は彼の婦《かおんな》の容子が変わっているので、その病源を神に伺うべく神前にて精神統一に就《つ》くと、

「井戸から水神を汲み上げた」

という神の言葉が出ると同時に、美人の女神の像が霊眼に映った。そこでイシ女に対《むか》い何か異《かわ》った物を井戸から汲み上げはしないかと訊ねると、別に異《かわ》ったものは汲み上げぬが、一疋の大きい赤蛙を汲み上げた、その蛙は畑の方へ去《に》げて往ったと答えた。そのとき栗原は水神はその蛙だ、今そこへ来ている、昨日も同じ所に居ったぞとて、台所の出口の閾《しきい》の上を指示した。かの婦は一瞥をくれてそれそれその赤蛙に違いは無かったと言う。

そこで栗原は笑って坐を起《た》ち、傍《かたわら》へ行《ゆ》いて蛙を撮《つま》んだ。蛙は人が来ても動かずにジーッとして待っているようであった。その蛙が井戸へ放されると、かの婦の熱発が消え、また寂しい懐《おも》いも

拭うが如く消え失せた。

栗原は曰う、井戸の水神は男性女性の二ツあってその女性が赤蛙の肉体に憑き宿っているため、井戸に残った男の水神が寂しい念《おも》いをした、それがこっちへ感応したのであるに違いはないが、水神が蛙の体を借るのは、何かの理由があろうが、それは人間には想像が出来ないことだと笑っていた。

(水神に関しては、種々な奇談がある。大正年間のこと、島根県邑智《おち》郡阿須那村素封家吾郷方へ、山窩《さんか》の箒木《ほうきぎ》売りが来て、同家の妻女に米一升を強請《ごうせい》中、裏の山から主人が戻って来て可哀相だから二升恵んでやれと命じ、二升を与えた。山窩は喜んで受けて去ったが、やがて戻って来て言うには、今、庭の井戸の中を見ると、水神さんが浮かんだり沈んだりして忙《せわ》しく見える、近日に火災があるだろうから用慎《ようじん》されよ云々と告げて立ち去った。

吾郷方では山窩がお追従を言って往《ゆ》いたとて笑いに附していた。しかるに数日後、藁灰を製《つく》った不始末から、同家は火事に罹《あ》った。右の山窩が見たという水神の、いかなるものかは知られないが山窩は家のない野宿人間であって、自然生活にのみ慣れているから尋常人の知らないことを知ったり見たりするのであろう。

今一ツ、大正年間のこと、松江市末次本町の奥村某なる文房具店の幼児が、永く出来腫《できもの》を悩んだ。そのおできは、頭部と臀部とへ代る代るに出るのであった。頭を癒《なお》すと臀《しり》へ出る、臀のを癒すと頭へ出る。始末におえぬ。主治医も不思議がっていた。

或るとき大本教の王仁《おに》君が松江に来たので、信者であった奥村は、先生どうしたものでしょうか、私の女児はとて、右のおできのことを話した。すると王仁君はちょっと黙考していたが、奥村さんあなたの家では流しの水をどこへ遣りますかと問うた。奥村は、裏の土地が狭いので溝を設けずに、そのまま土中へ浸み込ませていますと告げると、ああそれで判った、水神が障《さわ》るのだ、不潔な水を地中に吸わせるので水神が汚れ、その汚れが娘ごの躰に感応して毒が出るのだ、早く溝をつけるに限ると諭《さと》した。奥村は迷信だと思いながら、試みに溝を設けると、さしも頑固なおできがたちまち全癒した。)

巻物の昇天

明治維新の際、常陸国の鹿島神宮境内の真言寺が、政府の廃仏毀釈《きしやく》の令によって取り毀《こわ》しにされたことがあった。まず本堂から着手して鐘楼に及び、次に楼門を破壊して、中の仁王の木像を叩き割った。

仁王の腹の中から、二尺ばかりの巻物が一巻と、一枚紙に文字の書かれたのが現われた。人々がその巻物を手に取ろうとすると、不思議にも、巻物は急速に中空向けて飛び上がり、ワイワイ騒ぐ声々の裡《うち》に、高空遥かに昇騰して見えないようになってしまった。あとに残った一枚紙は人々の手に取り上げられたが、これには何の怪事もなく、記載された文字は、仁王尊の像の製作者の姓名と製造の年月日が書いてあった。それからまた奇怪なことは、木像を叩き割った人間は、名主の某外三名であったが、その日からことごとく重病を発し、二三日の内に皆死亡をしてしまったので、土地の人は神罰だと恐れ合った。

右の巻物の高空遥かに昇り上がった現場を見ていた人々の中に、鹿島の社家の一人であった宮沼注連吉《しめきち》という少年があって、それが実況を語ってくれた（この人は数年前七十余歳で故人となった）。また右の鐘楼の梵鐘は、これも叩き割って、潰《つぶ》して銭に換え、関係者間に分配をされたが、分配に預った家は、後日大抵零落したと云う。また巻物は、多分貴い経文であって、俗人の手に帰さしめることを嫌い、仏霊がこれを始末したのであろうと解せられた。

（物品が独りで空中高く昇って行衛《ゆくえ》を知られぬようになったと云うことは、現代人の信じないことであるが、霊のなすところでは、その種の怪異はいささかも背理でもなく、実際のことである。九州でも似寄った事実があって記録にして遺されている。明治三年十月、宮崎県諸県《もろかた》郡上庄内村字安井の石峰神社造営のことがあり、地頭（郡長相当役）三島通庸《みちつね》が兵士四小隊を率いこれを監督した。その月十九日のこと、正午ごろ各自は社頭に食事休憩していると、社殿二三間の上に、真白き綿の如きもの、大きさ約一尺五寸径の円形の物現われて、高空遥かに真っ直《すぐ》に上昇し、半時間ばかりの後、二三里も上がり、一片の蛍火の如く光り渡り、ついには見失ってしまった。しばらくすると、同じ物がまた一ツ社殿の上から現われて、前と同じく高空に上騰して見えなくなった。

人々は神霊の奇瑞を見《あら》わしたのだと勇み悦《よろこ》んで仕事に取りかかったところ、やがて高空に小さき蛍火のように現われて、次第に下降し来り、元の如き大きさになり、二個ながら社殿近くなったので、人々は争うて手を伸べて捉えようと待つと、かの物は再び高く上昇して見えなくなった。しかるに、こんどは高空から一羽の白鶴が舞い下がり、社殿の上二三間の所まで近づいてから、彼方に飛び去ったと云う。）

遭難ヶ所の神託

大正十二年四月某日の夕方、東京牛込余丁《よちよう》町の医師松本氏の不在宅へ、一通の電報が配達された。細君が受け取って披《ひら》いてみると「主人怪我、生命危篤」と読まれたので大いに驚いたが、主人の所在地も発信人も知らしてなく、また、発信局も判明せぬので困ってしまい、日頃良人《おっと》の親懇な同町内の池田虎一という人がとこへ駆けつけて相談をした。

この日、松本医師は、七八名の医者仲間と箱根へ遊びに行くことになり、連中は皆自動車で行《ゆ》いたが、松本だけは、自分一人でオートバイを飛ばして後から行いたのだ。このことは夫人が知っていたので、多分オートバイで過《あやま》ちがあっての怪我であろうとの想像だけはついたなれど、どこで遭難をしたのかサッパリ判らぬので、かの池田氏も一時当惑をしたが、礑乎《はたか》と手を拍《う》って、「本道」でお詰《つげ》を受けてみようと叫んで起《た》った。

この本道なるものは、神道の敬信団体であって、そのころ四谷区の坂町にあり、吉凶禍福、学術、病源、工芸、政治等社会人事のあらゆることに対して質議を神霊に問い糺《ただ》すことの出来るところであって、池田氏もその信徒の一人であったのだ。

氏は早速本道に駆けつけて、神伺いを立てさせると霊媒の本田則明氏に奇魂神が降り憑《うつ》って来て、「県は神奈川、郡は中、村は秦野神谷の道中、かの者はそこなる電柱に衝き当たり、頭を砕き、肋骨二本を折り村人に桑畑の中へ運ばれ、警吏のものに介抱を受けあり、まだ生命あり、早く医師を差し向けよと諭《さと》せ」

という神託を下ろした。池田氏はこれに依って、直ちに外科医士二名と看護婦一名とを連れて二台の自動車で、神奈川県中郡の神谷に急行し現場に到着したのは日の暮れかたであったが、時機既に遅くて、松本医師は絶命していた。すべての状況は神託の通りであったと云う。電報に遭難地の記入がなかったのは、村の青年団が慌てて打電をしたからのことである。

米粒の道案内

易学の造詣深い三重県人の九鬼復堂〔盛隆〕氏は、大正八年に、舎弟の内山外二人の門弟と共に、群馬県の山地を跋渉したことがあったが、或る日、赤城山中で道を失い、どうしても方角が立たなくなり進退谷《きわ》まった。そこでかねて信仰家であったので、赤城神社の神に念じ、何とぞ道を知らし玉《たま》えと願った。

ふと見ると、眼前数歩のところに、パラリパラリと、まばらに米粒が落ちている。よく見ると、あたかも一条の糸でも引いた如くになって林樹の間を縫いつつ、ずっと向こうへ痕をつけられているのだ。こんな山奥の径《みち》のないところに米の落ちているはずはない、これこそ或いは神の示す道しるべでは無かろうかと気がついた。それは現に、今までそこへ来るまでには、米粒を見ず、神に祈念を凝《こ》らすようになってから、突然そこにて初めて見つかったことであった。

三人は試みに、米粒の落ちているところを栞《しお》りにして、無人の林中を右に左に、約十二三町ばかりも辿ると、ようやくにして小さい樵路《しょうろ》らしいものに取り当たった。それで幸いと山を出ることが出来たのであるが、右の米粒は、樵路になってからは一粒も見られないものであった。これがいかにも不思議であったと九鬼氏は自分に語ったことがあった。

群馬県の怪人

一　人面蛇身の双生児

群馬県吾妻郡××町の呉服商△△○平君の妻女は、今から三十余年前に、妊娠中に同郡の四万《しま》温泉へ保養に行き、帰るとき、馬に乗って山道を経過し、もう一里余りで中之条へ着くという所の或る岩壁の下を通る折り、ふと面《おもて》を横にして岩壁を見た。

その岩壁には、地上六七尺のところに一ツの穴があるのだが、その穴の口に、犬の頭部ほどの大きさをした大きい蛇が、二疋列《なら》んで首を出していて、ジーッとこっちを凝視しているのと眼を見合わした。そのとき彼女はキャッと叫んで気絶をした。そして落馬をした拍子に児を産んだのであるが、男女の双生児を産んだのだ。

その双生児は、少しく日数を経過すると怪しいさまが現われて来た。面貌は人間であっても、全身には金色をした鱗が密生する、そして体に骨が無いのである。それから段々と成長をしても人語を発することが出来ない。そして起《た》って歩くことも出来ないで、蛇のように坐敷中を這いあるくのである。

また極めて奇怪なことは、体の鱗が、蛇の通りに、一ケ年に一度ずつ殻を脱ぐことであるが、両児ながら同じことである。また両児とも一見七八歳の児童ほどの体をしていて、もうそれ以上には大きくならぬのも奇妙である。

この蛇のような両児は東京の帝大から、研究資料として申し受けることになり、近年歳費として八百円ずつ送られ、そのために保姆《ほぼ》まで傭《やと》うて大切に養育されつつある。

（この両児に就いては外部に知れていることの外に、奇怪な内情があるだろうと云われている。人の体に鱗のあるものは、昔から間々あるはずであるが、本文の両児のように顕著なのは類が無いと伝えられている。両児の母親は、大蛇の毒気に触れたためで、毛髪がことごとく抜け落ちたと云うことであるが、その大蛇はすこぶる魔性のものであったに相違はない。）

二　三十余年の孕み腹

群馬県小野上村に村上坊という小寺があった。明治二十五年のこと、或る日の暮れ方、寺の門前の某方へ（姓名を逸す）一人の白衣の老人の修験者がやって来て、自分は前の寺で宿を断わられて困っているものだが、今夜だけ土間の隅でもよいから寝さしてくれぬかと頼んだ。

家の主人は快よく宿らせてやったが、その夜の話に、自分ら夫婦の仲に子供がないので心淋しい生涯を送るものだと言うと、修験者が、それはたよりない事であろう、自分が祈って児があるようにしてあげようと言った。

翌朝見ると、昨夜宿った修験者はどこへ行《ゆ》いたか姿が見えない、のみならず、怪しむべきは、彼の着た白衣や手廻りの品は、行儀よく寝床の側に揃えてあり、着衣の如きは、キチーンと正しく褶《たた》んである。彼は主人夫婦の寝ているうちにコッソリ脱出したにせよ、裸で出て行いた訳であるが、そのようなことは想像されないことで、実に不可解千万なことである。

その後一二ケ月経つと、この家の妻女は妊娠をした。腹は順当に大きくなるので夫婦は大喜びをした。これと云うのも、かの修験者が子を祈ってくれたからであろうとて、修験者を尋常人でなかったものだと思った。

しかるに妊娠は十ケ月になってもいささかも産気がついたらしいことが無いから大いに怪しみ始めた。十二三ケ月になっても依然として産まれないから心痛をしだした。すると不思議千万なは、胎児が物を言い出した。その物を言うのは妊婦にだけ聞こえるので、医者は精神病に罹《かか》ったのだと言う。しかし妊婦は決して気が狂ったのではないのだ。誰人《だれ》でも妊婦の大きくなった腹に耳を付け聴くと、腹の中で、コトッコトッと云うような音だか声だかがする。それが胎児の物を言うときであるとのことである。

その胎児は、自分が産まれぬのは、明年日本が支那と戦争を始めるからだ、自分は殺伐な戦争が嫌いだによって、戦争が済まねば世に出ぬのだと言った。果たして翌年に日清戦争が始まった。しかるに戦争が済んでも一向に産まれないで、また言うには、十年後に日本は外国と戦争をするから、それが済まねば出ぬとの事であった。果たして十年目に日露戦争が起こったが、戦いが治まっても依然として生まれないでまた言うには、日本は十年目にまた戦いをすると言った。果たして欧州大戦に参加をしたのだ。平和になったところ、なおも生まれないで、日本はまだ戦わねばならぬからと言って今日に及んでいるのであるが、懐妊腹はビール樽を欺《あざむ》くように太くなっている。そのようでも別に体に苦痛がないのも不思議である。

妊娠三十余年で、その婦人は今や老婆姿になっているが、時折り腹の中の児が要求するとて、老人の亭主を馬にして坐敷の中を乗り廻すのだ。また腹の児が動いて頭や手足を振り廻すのがよく感じられると云うことだ。この奇怪な妊婦も帝大の研究資料になっており、死後に解剖されることに定《きま》っているが、彼《か》の婦《おんな》は前橋市の住吉屋の饅頭が好きであって、これを土産に持参する人には誰にでも面会してくれると云う話であった。

学者の降参

一　秋葉山奥院の怪

今は故人の吉田東伍博士が、その大日本地名辞書の編纂中のこと。或る日、遠州秋葉山を踏査したことがあった。

まず同山の本社へ詣り、社務所で古文書などの閲覧を終わった後に、奥の院へも参詣してみると言い出した。奥の院は、二里半ばかりの険坂を経る深山にあるのだが、元来有名な魔所で、修行のつんだ精進者でないと、天狗に妨げられて行かれないと云われ、古来、俗人の詣でることの出来ぬところであるから、社務所の人々は、博士に対《むか》い、貴下がいかに学問のためとおっしゃっても、俗人でいらせられるから、あぶないことだ。お止《よ》しになれとて、事由を話して忠告をした。

しかるに、博士は、もとより天狗だとか、魔所だとか云うことには何らの信念もない学者人であるから、社務所の人々の忠告を一笑に付し、案内者もたのまず元気よく独りで奥の院を目ざし、人跡絶えた険難な淋しい山路を進むこと約一里半許《ばか》りに及んだ。

ふと見ると、前方二三十間の行路に方《あた》って、緋《ひ》の仏衣《ころも》を着けた、若い非常な美僧が一人立っている。かような深山に不似合いな美僧だと思って感心しながら歩を前《すす》めかけると、不思議や、博士は、五体が俄《にわ》かにすくんでしまって足が動かず、路央《みちなか》に立往生をした。

博士は、これは変だと、懸命にその筋肉を働かそうと努めたけれど、全身萎《なえ》くッたようでさらに力が入らぬ。大いに驚いて、かの美僧を呼んで助けを乞おうとしたが、声を発することも出来ぬ。

ここにおいて博士はいたく恐怖心に襲われ眼ばかり働かせて、こんな所へ来なければよかったにと後悔の念を生じ愁歎に陥っていたが、やがての内に、五体に知覚が生じ血の循《めぐ》りも促進されるようになって、手足の自由が回復したので、さては今のは一時の病理的な出来ごとであったろうと勇気再発し、またも前路へ進むうちに、かの美僧の姿はいつしか見失われた。

それから十町ばかりも坂を登ると、大木の密生した場所になったが、またも緋衣の若僧が前方に立っている。博士はさては奥の院に近くなったかと思うて、足を運ばすと、俄然そこらの大木がメリメリバリバリと大音響を発して裂け倒れ、また、路《みち》の左右に並んでいる岩壁がズドンバスンと恐ろしい音を立てて縦横に劈《つんざ》けて身辺に転げ落ちて来る。その猛烈さは眼も口も開けていることが出来ず、呼吸も止まり、五体も砕けそうな感じがするので、遉《さすが》の博士も色を失い、このたびは体が利くのを幸い、懸命に後方へ逃げ出し、七八町ばかりは夢中で走ってから、後方を振り返り見ると、かの恐ろしい物音も聞こえず、また怪しいものなどの追い来るようなこともないので、ようやく安心をしたが、なるほど奥の院へは行けそうにもない所とはじめて合点がつき、悄然本宮に帰来するとそれ御覧駄目でしょうと社人にたしなめられた。爾来博士は、迷信なるものに対して、大いに考えを変えたと云う。

二　大嶽山の兎猟の崇り

　これは昭和三年八月の事実、東京に住む某大学の博士教授とだけ云って姓名は預かっておこう、その人が、夏季休暇になると、かねて嗜《す》きなこととて、猟銃を肩に、一人の書生を連れて、奥武蔵の山地を廻《めぐ》り、毎日鳥獣を獲って愉快に日を送り、ついに大嶽山へ来て一泊をした、そして明日お山で狩猟をすると云うと、社務所つきの人間が、お山の鳥獣は昔から猟ってはならぬ、獲ると罰が中《あた》ると言います、ことに鉄砲は禁制ですと注意をした。

　博士は一笑して、神仏の罰などと云うことは現代人には通じない。ただし鉄砲だけは用捨してワナで獲ろうが、この山には狼がいると云うではないか、そいつを捕ってみせようと言い放ったら、お山の狼は三峰山の狼と同様で、人間に捕られるようなヘマな物ではないと言ったけれど、博士はもとより耳にもいれなかった。

　翌朝、博士は書生と二人で山へ分け入り、狼の通りそうな場所にワナを掛けた。そして翌朝に行《ゆ》いてみると、狼は罹《かか》らずに野兎が罹っていた。博士は兎かと笑いながらこれを取るや否や急に顔色が変わった。

　博士の全身は、俄然として高熱を発して来て火に焙《あ》ぶられるように感じるので、アアえらいと叫んで、手の中の兎を投げ出すと同時に地上に打ち倒れて悩乱して苦しみ始めたが村民に助けられて、人家へ担《かつ》ぎ込まれ、医師を迎えて治療が試みられたけれど寸効《すんこう》もないのみか、病名さえ付けられぬほど奇怪な高熱振りであった。

ついに博士は病苦のために死のうとしたので、東京に担架で送られ、大学病院に横たわったところ依然として燃ゆるが如き高熱が全身を弄《もてあそ》ぶので、家族は、迷信とは思いながら、発病前の事実に鑑み、大嶽神の罰と仮定し、山へ使者を派遣し、幣帛料を奮発してお詫びの大祈禱を修せしめたところ、さしもの大熱病もその日の終わりから、俄然拭うが如くに平癒した。

ナメクジの空中渡り

蛞蝓《なめくじ》は、月夜に己が影を映す所へ、飛んで行くという伝説が、古来我が国の各地にあるけれど、もとより現代の科学人の信ずるところでは無い。数年前自分は、栃木県の知人から、自村でこの事実が見られたということだと語り聞かされ、また大正年間に、米国帰りの心霊療法家のK某も、その著書で公然蛞蝓の月夜の空中移動のことを掲げたことがあったけれど、その事実のあった場所や実見者の誰たることが知られないのでやはり巷間の伝説に過ぎないものとみていた。

しかるに、自分は、蛞蝓が白昼に空中渡りをやったのを見たという人から左の説話を得た。この人は、目下静岡に書店を開いている松尾四郎なる好学の青年で、その言は信じられる人だ。その話に、大正の中ごろに私は平壌にいて勉強をしていた時分のこと、或る日の朝間《あさま》に、隣接の説教所にいる真宗の僧侶が、大きい声で、不思議なものがあるとて私を呼びたてたので、何ごとかと想って行《ゆ》いた。

雨上がりの日で、空気はスッキリと澄み渡っていたが、私を呼んだ僧は、一室の中窓の閾《しきい》に胸を靠《もた》らせて、窓の下を流れる八九尺ばかりの幅の小河の岸を指ざした。見ると、こちらの岸の石の上に、一疋の蛞蝓がいる。三寸ばかりの体軀をしていたが、体を動かさずにいて一条の霧のようなものを背中の方から発射している。その霧様のものは、小河の上を渡って対岸の樹の枝へ届いているが、そこに一疋の小さい蛞蝓が見える。

奇妙なことには、こちらの大蛞蝓の体は見る間に縮小し、反対に、あちらの枝の小蛞蝓の体は見る見る大きくなって来るのだ。ついにこちらの蛞蝓は姿が消えて無くなると、あちらのは完全に三寸ばかりの大蛞蝓になり、ついに触角を出して悠々と枝の上を這い出した云々。

霧のような紐は、蛞蝓の体軀が微小な分子に化したものであることは想像に難くない。野呂間《のろま》な蛞蝓に、造物主がこの奇なる生理能力を与えたのは感歎に値する。

（蟇《がま》や蝙蝠《こうもり》の中には、どんな微細な空隙をも潜って、容器の外に逸出するものがあるということは古来言うことであるが、やはり本文の蛞蝓のようなせいで出来るのであろう。西洋の心霊科学家は、或る霊媒（巫女《みこ》）を使い、その者の肉体を霧状の瓦斯《ガス》的状態の下に、室《へや》の天井を透過させて、隣室に脱出させた後に、原態に還元させた実験に成功した。また或る実験室にては、幽霊が、野外から一個の花を摘《つ》んで来て毛髪も通らぬほどの微小な卓子《テーブル》の板の継ぎ目の間から取り出して見せたが、その花瓣には少しの損傷もなかったという報告もある。

また自分の知人のKは、明治の末に、北海道の胆振《いぶり》国で、岡山生まれの老人の忍術家が、白昼に襖の引き手を抜いた穴を二回まで潜ってみせたことを詳しく語ってくれたことがある（拙著『霊怪談淵』に詳記）。動物中には、奇妙な能力を付与されたものがあることは否み難いが、それらの能力あるものは、概して体力の弱いもので、猛獣その他、性質の荒々しいものには見られないのは面白いことだ。）

樹上の怪屍体

一　六部の怨念

千葉県長生《ちょうせい》郡長者町大字江場土《えばど》の日在寺という小寺へ、上方言葉の老いた一人の六部がたよって来た。寺はそのころ無住で、檀家が仮に寺番を置いていたときであったので、この六部を停《と》めて暫時起臥《ねとまり》をさせてみると、正直な人間であって村民もこれを愛した。ついに六部は寺の裏へ小さい住居を建ててもらってそれに入っていた。

六部は小銭を持っていたが、村の一藁杢右衛門という人間にそれを貸した。杢右衛門は強慾非道の人間であるから、六部に金を返そうとはしない。その内に六部は中風病みとなってしまったから、杢右衛門に返金を催促すると、おまえから金なんか借りた覚えは無いと言い出した。六部は貯金を無くしたので、医薬に親しむことも出来ず、ついには食物を調《ととの》えることも出来ぬようになった。最初のほどは、寺の近所の人から食物を恵まれていたけれど、後には村の人もあんまり世話をしなくなった。

六部は杢右衛門を怨んでいて、人毎《ごと》に、

「この世で取れぬから、あの世で取ろ」

と口癖のように言っていた。彼は臥《ね》たぎり動かれない躬《み》になり蛆《うじ》まで発生したが、空腹に絶えかねて蛆まで取って喰った。ついに餓死をした。

その後のことである。夏の雨降りの日に、杢右衛門は外出をしたが、そのまま行衛がわからなくなった。一両日経って、村民が捜索に出かけた。一里ほど隔てた佐室《さむろ》に彼の親戚があるからそこへでも行《ゆ》いたのかと思った一隊の人が、佐室へと向かった。

途中の岩山の木立ちの中に、三階松と呼称された一本の巨松があったが、その松の高い梢に一ツの番笠が引ッ掛かっているのが見えた。松の木の下へ行《ゆ》いで仰ぎ見ると、人間が傘の蔭に引ッ掛かっている。よく見ると、杢右衛門であるが、胴体が股から二ツに引き裂かれたなりの屍体であった。下ろしてみると全身は蛆に充ちていた。屍体が戸板で家に運ばれて回《かえ》ると、母親が出て来て、

「そのざまは何んだ、日頃汝《そち》の非道の殃《わざわ》いだ」

と大きく喚《わ》めいて屍体を蹴った。

右は明治初年の事実で、このことを告げたS氏の母親は、自分が娘時代に、六部の背中に村の児童が馬乗りになり、六部を馬にして室内を匍《は》い歩かせたことなどを見たとのことであった。

二　強慾者の最後

東海道五十三次の内で、とろろ汁の名所たる駿河の丸子《まりこ》の宿に、旅人宿兼飲食店をしていた池田屋分家で名を取っていた福裕の家があった。主人は大蔵といった人間で、剛慾慳貪《けんどん》で知られ、

家屋もその一代で造り上げたほどであった。物売りに来る商人を搾《しぼ》って銭獲ることが上手なので池田屋の大さんにかかっては敵はないと誰も彼には閉口をしていた。

慶応二年の十二月の初めのこと、或る日一人の托鉢僧が池田屋分家の門先に立って経声を出していた。主人の大蔵は、屋内から大きく怒鳴って「遣らぬから去《い》け去《い》け」と喚《わ》めいた。托鉢僧はジロリと主人の面を見てから歩を転じた。

その夜、本家の池田屋が失火をしたという人々の罵《のの》り騒《し》ぐ声に、大蔵は裏口から庭へ出てみると、いかにも本家が燃えるらしく赤光が空を焦がしているので、これは大変と、そのまま本家を指して駈け出したと同時に姿が見失われた。

村民の多数も池田屋本家へ駈け付けたが、来てみると一向に火事はないのみならず、各自の家々から見えた大火焰や空の赤焦げやがどこへ行《ゆ》いたかサッパリ見えぬ。これは奇妙だ不思議だと村民は大いに怪しんで家々に戻ったが、大蔵はどこへ行いたか帰って来ぬ。大蔵が紛失したという騒ぎが村内に蔓延《はびこ》った。村民残らず捜索隊となって数昼夜の間付近数里に亘って、河川、山林渓谷など隈なく鉦《かね》や太鼓で探したが、徒《いたず》らに徒労を得たばかりであった。

七日目の朝のこと、大蔵の息子の金二郎とて七歳になるのが締めている三尺帯が、まさしく大蔵が締めて出ていたに相違なかったものだとみられたので、その子を段々問糺《もんきゅう》してみると、徳願寺の山で拾ったと云うた。そこで騒ぎは復《また》もり返された。丸子の宿の人間は総出のさまで宿の一端にある徳願寺の裏山へ捜索に行いた（この寺は片桐且元の墳墓があるので土地の人からは重くみられている）。発見されたのは、山の大木の椎の頂辺《てっぺん》の枝に、大蔵が二ツに腹割《はらざ》きにされて、七八本の椎の丸棒と一束にして、太い藤蔓でギリギリ捲きに縛られてブラ下っているのであった。ようやくのことに引き下ろしてみられると、素裸にされて、耳を切り鼻をそぎ、歯はことごとく抜き取られ、手足の指の爪は全部ことごとく剝がれ、二タ目とは見られぬむごたらしい殺されかたであった。右の椎の大木は、その後伐《き》り倒されたが、切り株は今でも残っている。

三宝寺池の怪小蛇

東京市板橋区石神井《しやくじい》村の三宝寺池は、密林に囲まれ、穴弁天の穴祠《あなみや》があり、陰湿で何となく凄みの多い土地柄で、また蛇の多いので知られており、かつ池の中央には、戦国時代に豪族豊島弾正《としまだんじよう》が乗馬とともに陣歿した折りの鞍が沈んでいると云い、また弾正の妻女も投身自殺したので、祀《まつ》られた小祠も在るなど地方の名蹟地として夏季などには遊客の集まるところである。

この池には古来さまざまの伝説があるのだが、旧いことはさておき、近代では、明治維新少し前から、明治八年までに、付近の村民によって、種々な龍蛇の怪異が実見されている。

石神井村大字谷原に、横山富右衛門という農夫があった。今は故人であるが、その壮年時には釣が好きで、閑《ひま》さえあれば三宝寺池へ鮒釣りに来たものだ。或る日のこと、例によってやって来た。池の北側の草に腰を下ろして、釣り出したが、殊《こと》の外多く釣れるので愉快さに夢中になっていた。

陽は西に傾きかけて、池に凄みが増して来たが、やはり綸《いと》を垂れていた。ふと見ると、前面三十間ばかりのところに、池水が俄《にわ》かに波だちて一ケの大蛇が頭部を四五尺ばかり水上に現わしたと見るや、恐ろしく光る眼をむき出し、そして箕《み》のような巨口を開けたが、口内は真《ま》っ朱《か》に見えた。富右衛門はこれを見るや否や、釣道具も釣った魚もそこへ投げ残して生命辛々《いのちからがら》逃げ出したが、

それ限り一生涯釣りを断った。このことの恐ろしかったことは忘れられぬといつも語るのであった。（村長栗原柳三氏の談）

池の南岸の丘陵地に三宝寺という古刹がある。現住持より三代前の住持山養師が明治八年九月の或る日、池の近くを歩いていると、池面に怪しい音を発したと覚えるとともに、長さ数丈もある巨体の龍のようなものが半身を水上に現わして一ッ二ッ跳ねてから水中に没した。そのものは眼《まなこ》大きくして顎《あご》の下には、鬚《ひげ》のようなものがあり、頭の横には耳らしいものがあったという。同師は記念のために、その見るところを絵に画いて後代に遺している。

三宝寺の地続きに氷川神社なる宏荘な郷社があり、欝蒼とした大樹の蔭に神寂《かむさ》びた清浄な神城を現じているが、そこから程遠からぬところに、明治初年に一軒の鍛冶職があった。

或る日の雨降り揚がりに、腰簑を着けた彼は、新しく造った鎌を研《と》ぐために三宝寺池へ下り、池の縁へ砥石を据えつけて刃つけの研ぎをやっていた。すると手許《てもと》の水面近くへ一匹の小蛇が泳いで来た。彼は小蛇を見るや、刃物を研ぐところへ来るとは小癪《こしやく》な奴だと呟《つぶや》きさま、鎌の刃で小蛇の首のあたりを斬った。殺す気でも無かったけれど、研ぎが良かったので、小蛇の首は、一溜りもなく斬れて落ちた。

そのとき、小蛇の胴体から夥《おびただ》しい血が出て、池の南岸は一面に真っ赤な水に染まった。鍛冶職は呆きれて見ていたが、忽然総身に高熱が発し、フラフラした足取りで我が家に回《かえ》ってそのまま病臥し、二三日苦悶して死亡した。村民は、鍛冶屋の斬った小蛇は、実は池の大蛇であったので、こうも祟りをしたに違いはないと評した。

（大蛇が小蛇に化ける伝説は古今各国に流布されているが、その中に実説がある、明治年間にあった実例は既刊『霊怪談淵』に詳記しておいた。）

また下石神井の農家に八方八百吉というがあって、右の事実と前後し一日三宝寺池の岸を通ると、水溜りに一本の古木が倒れていたので、その上を踏んで渡りかけると、古木が動き出した。驚いて見ると、古木と見たのは大蛇であったから、飛び下りて逃げたが、毒気に触れて二年ばかり病気になったことがある。

意地悪の黄金仏

越後国刈羽《かりわ》郡上小国村に中橋という旧家があった。安倍晴明の後胤で、明治維新前までは姓も安倍と呼ばれ、屋敷の一隅に現に晴明の古墳も存し、土地の人は安倍屋敷の名を以て尊敬を払っている。

奇妙なことには、この中橋家では祖先以来、大抵一代間隔にて一人ずつ、男児に限り肛門と睾丸との中ほどに指頭大の瘤《こぶ》のような隆起が生じているが、これに晴明の塚の土を採って塗ると数日後に消滅する不思議がある。目下東京へ来て実業に従事中の同家の二男秀高君は、この事あった人で、氏の父親には無く、その先代にはあったと云うが、同家の人にしてこの臀部の贅肉のある者は、決まったように、一生涯の運命が常人と異るのだが、それは、同家の秘仏に関係があると見做されている。

同家の秘仏とは、今から約一千二十年ほど前に、先祖の晴明が、支那から土産に持ち帰った黄金の阿弥陀如来である。これは、身長が一尺五寸余、重量が約三貫で、時価二十五万円と評価されていたものだが、先祖以来、とても霊験が著るしいので、常に二重の厨子に厳重にして納めて仏壇の一方に据えられてあるが、時として、仏像が独りで厨子の外へ出て行衛《ゆくえ》を晦《くら》ますことがある。そのときには、いくら捜索しても所在が判るということが無いが、日を経てから、偶然に意外な場所から発見されて中橋家へ納まるのが例である。何のためにこの仏像が雲隠れをするかと云うことも判然と知るよしもないが、何か不気嫌のことがあるか、或いは中橋家に不吉が萌《きざ》したかの場合に発生すると想われる。

またなお一個の不思議がある。仏像を抱え上げて振ると、胴の中から、リリリーンと美妙極まる金属的な鳴音が発し、余音 裊々《じょうじょう》として人の心耳を澄ましめるが、他家の人間が振っては、どんなに努力をしてもこの胴鳴りが発生しない。種も仕掛けもあるのではないから、仏体には活人的な魂が入っていると言われている。

明治二十四年に、仏像が厨子から姿を隠したことがあるが、二年目の或る夜、大雨が降り、翌朝早く主人の佐吉が裏口から出て、邸《やしき》の横を流れる渋海川の端へ下りて顔を洗いかけた。不図《ふと》見ると、昨夜の出水で、河の中へ新たに洲《す》が寄っていて、その砂の中から一道の光輝が立っている。異《あや》しく念《おも》ってその洲のところへ寄って行き、光輝の出ているところの砂を二尺ばかりの深さに掻き散らしてみると秘仏が横たわっていた。

佐吉は抱え上げて有頂天に我が家へ駈け戻り、仏壇へ納めて狂喜をした。翌日は村内へ赤飯を配り、村民の拝礼を許すと、大勢が殺到して拝んだが、六歳になる二男の秀高が茶目ぶりを発揮し仏像を抱き上げて旺《さか》んに振って胴鳴りをさせた。その鳴るたび毎に村民が額を畳につけて、南無阿弥陀仏と唱え随喜《ずいき》渇仰《かつごう》の涙を流した。それが面白いので、茶目坊は振った振った鳴らした鳴らした。親戚の老人たちが、これこれモウ止《よ》せモウ止せ、仏さまが御立腹なさるといけないとて制止をした。すると胴鳴りがパタリとやんでしまって、どんなに振っても鳴らなかった。

黄金仏が現われ回ったので、近年下り坂となっていた中橋家は家運が回復するだろうと期待をされたのに、新規に事業に手を出して損失つづき、おまけに悪漢の喰い物になって刑事事件を惹起するなど、散々に家名を汚《けが》すことが続出したため、戸主は、祖先以来の邸宅敷地を他人の手に渡して他国へ流寓することになったが、黄金仏をお連れ申すは畏れ多いとて、県下の西頸城郡の名刹である関山村の関山寺に預けてから郷里を見棄て、一家族を率いて、関東諸国へ漂浪の身となったが、資産を整理して二万数千円を懐《ふとこ》ろにしていたので、どこか住み心地の好い土地を見つけたいとて、前後七年間、各地を急がず旅して、ようやく群馬県の渋川町に居を定め、造酒業を営みだした。

中橋家は、諸国浪々の間、一度も関山寺へ消息を通じなかったが、その内に、関山寺の住職も代替りをして、後住の僧は強慾人であったから、中橋家の所在の知れぬを幸いに、黄金仏を勝手に運び出し、越中加賀越前をふり出しに名古屋へまで開帳をして大いに賽銭を掻き集めたが、それに関係をする檀徒や世話人が死んだり、病気になったり、また、開帳をする先々の仏舎が火災に逢ったりするので、後には誰も手を出さぬようになり、仏像は関山村へ戻って来た。しかるに関山寺もまた焼失して当分の回復が覚束なく、僧も四散してしまったので村内の真言信者の某が自宅へ仏像を引き受けると、その宅がまた焼失し、こんどは酒造家の某が引き受けたが、また火事に逢うた。

こうなると、恐ろしい仏だとてついには誰も引き受け者が無いことになったが、何ぶん霊験の著しい仏であるから、村民が共同で一棟の保管所を造って、それに安置し、二人の管理者を立てて銘々に鍵を持たせ、保管の責に任じたが、その保管者は、関山寺の檀徒の一人と、村長とであった。

或るとき神戸から、金満家の未亡夫が、一人の西洋人を連れて仏像を拝みに来てから、十七万円で買いたいと言い出した。二人の管理者は金に慾が萌してこれを承諾し、村民には極秘密で売買の契約を結んだ。そうして、何程かの手金を取って、直《ただ》ちに仏体及び付属品とも三個の荷物に仕立て通運業者の手にかけ、神戸へ密送をした。この事は、関係者外の人間の知るはずのことでは無かった。

しかるにここに意外の事件が盛り上がった。ちょうどその日の朝の七時ごろである。関山村の村会議員でかねて硬骨の聞こえの高い上田某が、何の用事もないのにブラリと一人で村役場へやって来た。この人間は、平素役場へ来ることのない人間であるから、珍らしいこととして役場員が迎えた。村長はまだ出勤しておらなかったので、書記と雑談を交じえていた。

そこへ、どこの人とも知られぬ、粗末な綿衣を着た五十前後の男がヒョコリとやって来て、半紙二枚に書いたものをかの硬骨議員へ無言で手渡して、そのまま出て往《ゆ》いた。

不思議な男もあるものだと思いながら、その書いたものを一読すると、村長が彼の貴い仏像を神戸へ密売し、今朝ほど荷造りをして発送をした。早く取り戻すが良い、取り戻さぬときは、村一同に禍殃《かおう》がかかるぞと云う警告文であるが、署名はして無かった。

これを読んだ上田某は嚇《かっ》として怒った。直ちに役場を出て、村長と合棒の管理者とを訪ね、大いに面詰《めんきつ》をした。二人は最初のほどは言を左右にして何も知らぬことだと言い張っていたので、さらば仏像を見せよと云うとそれもしない、そこで上田議員はいよいよ臭いと断定し、直ちに警察に訴え、警察の手で取り調べさすと、果たしてその日の早天に、三個の木箱に、重い物を容《い》れて、神戸市の三宮駅宛に発送された事実が挙がった。よって早速、神戸の警察へ電報で荷物の取り抑えかたを言ってやった結果、仏像は取り抑えられて関山村へ送還になり、二名の管理者は横領罪で起訴されたが、売ったのではなく、貸したのだと言って、ついにことを有耶無耶《うやむや》にすませた。

しかるに或る日の朝、保管所の堂の扉は鍵がかかっているのに、中の仏像が外部の道路へ飛び出ていたことが発見され、村民の騒ぎが強くなり、それからは、堅固な鉄格子が施されて、黄金仏の警護が厳重になった。

右等の評判が、中橋家の原籍地である上小国村に伝わると、村民が、黄金仏は我が村で保管すべきものであるとて、保管換えの訴訟を起こした。関山村民もこれに応じて敢然争抗した。花井卓造、鵜沢総明、原嘉道など当時の歴々の弁護士が原被両告に立ち分かれて骨を折った。

文部省でも黄金仏の評判を聞き込み、調査をした結果、准国宝に指定をしたが、それと前後して、黄金仏が、例の十八番ものの雲隠れを演じて姿を晦《くら》ましたので、訴訟もしたがって自然中止の状態になって今日に及んでいる。

また前記の硬骨議員に密告をした人間の誰であるかは、爾来今日に至るまでついに知られず終いである。関山村の人間は、黄金仏の化身であると信じているのももっとものことである。

中橋家の現戸主は、早晩、黄金仏の現出する時機あることを楽観をしているが、果たしてそれはいつのことであるか不明である。

画龍の火防

京都の新京極なる誓願寺境内の末寺の老住職（姓名を逸した）は龍を画くに一種の技能がある。人が訪来して龍の画を所望するに方《あた》り、何山何沼の龍をとて指定して乞うときには、暫時間瞑目をして精神の統一を企てると、やがてそこに住む龍の霊姿を感応し、すなわち筆を手にしてその姿を描くのであるが、この老僧の画龍には往々奇蹟が見られるので、一部者にはすこぶる信仰を払われている。

この老住職自身は、今後一生中に、自己の画くべき龍の宝物はただ二頭あるのみ、その龍の絵を来り需《もと》める人も、既に予知されありとのことである。

目下、誓願寺の本堂に掲げてある額面の画龍は親龍で、揮毫者たるその老僧の安住する寺の居室にある額の龍は子龍であるというが、そのどこの龍たることは、みだりに人に告げない。或る年、誓願寺境内の一隅にある俗家が失火をしたとき、親寺は風下で、三四十間の距離はあっても危険の虞《おそ》れがあった。

そのときかの老僧は、親寺の龍は、火熱をうけてさだめし苦しいであろうと独りごとを言い、急に小僧に命じてバケツに水を盛って居室の縁側に持ち来たらせ、その水を手で掬《すく》うて、燃えさかる紅蓮《ぐれん》の猛火に向かい、手水《ちょうず》を撒《ま》きかけるに余念は無かった。小僧は傍《そば》でこれを見ていて、和尚さん、それは火消しの禁厭《まじない》かと問うた。老僧そのときの応えに、禁厭ではない実際の消防だよと言った。ところで現在不思議であったのは、猛火が風に連れて親寺の方へ靡《なび》きかかる際に、彼《か》の手掬《すく》いの水がその方向に注がれると、猛火が忽然反対の風上の方へ伏し靡く、これは二度や三度のことではなく何度もその事実が見られ、ついに親龍は無事であった。またそのとき、小僧は和尚の言に随い和尚の居室に至り、子龍の額を検《しら》べ見ると、額縁は一面に水気を帯びて、涓滴《けんてき》まさに堕《お》ちかけんとしていたので、小僧は大いに畏敬の懐《おも》いをしたと云う。

（遠くから水を掬いかけて火を消すことは、修行のつんだ徳人のなすところで、古来ままその事例がある。本書の後項を見よ。）

大鰻の祟り

千葉県夷隅《いすみ》郡大原町の一端に旧い砦山《とりで》があって、その前に淵がある、土地の者は毎年季節になると淵へ来て太公望を極《き》め込むのが習慣であったが、淵の中に一ツの怪魚が居って、どんな怪人の大針でも、針のつけ根の麻糸をポカッと喰い切って餌を奪ってしまうので、こ奴は淵の主であろうと言われていた。

町の釣者の内に、鰻釣りの巧者がいて工夫を凝《こ》らし、釣針のつけねの糸を撚《よ》らずにバラにして釣ってみたところ、成功をして長さ六尺、太さ椀大の鰻が捕れた。

あまりに大鰻なので、素人《しろうと》では割《さ》くことが出来ないとて、これを町の鰻店の、通称北ノ鰻屋というへ持って行き、割いてくれいと頼み込んだ。この鰻店では二十歳ばかりの長女が鰻割きに熟練しているのがあったので、これが引き受けた。

大俎《おおまないた》にその鰻を横たえ、大錐《きり》で頸部を抑えてから、ズーッと庖丁を下して行き、三尺余りも裂いたとき、アア嫌《いや》！　と叫んで庖丁を引き取ったが、それと同時に、俄《にわ》かに高熱が全身に発《お》こり、起《お》きていられなくなり、一室に病臥し、医師を招いて療治をさせたところ、寸効《すんこう》もなく、熱は募るばかり。苦悶も苦悶、大苦悶を続けること二日、その苦悶の間、かの大鰻は、土間の隅に置かれていたが、死にもせずに顋《あご》をフクフクと動かしていた。

しかるに二日目の終わりに、鰻が息を引き取ると同時に、病女も息を引き取った。誰人《だれ》も大鰻の怨念がこの女《むすめ》を取り殺したのだと念《おも》わぬは無かった。その鰻店も後の祟りを恐れて、大鰻の屍体を墓地に葬り、僧をして供養をさせたのであったが、それでも商売が漸次衰えて来て、一時は店を鎖《とざ》すほどになった。この事実は明治の末葉であった。

射つのかと叫んだ怪鳥

昔のお伽話にでもありそうな奇怪至極の話で、現代人の信じ得ぬ性質であるけれど、事実たることを言明する。本件は明治の初年に発現した怪事である。

丹波国船井郡川辺村大字越方の旧家谷口家の主人に茂右衛門と云うのがあった。先代から銃猟が嗜《す》きであったが、この茂右衛門はことの外嗜《す》きで、小児のころから、その時代の元込めの火縄銃を振り廻して、山谷をあさって殺生を続けたところ、次第にその技が上達して、百発百中の妙を得るに及んだが、特に鳥類の射撃に習熟していた。

或る日、茂右衛門は、銃を肩にして、独りで居村の雉子《きじ》ケ谷と云う山奥へ猟に行った。ここは保津川の上流たる大堰《おおい》川の水源地で、日頃は獲物のある好《よ》い猟場であるのに、この日はどうしたものか満足な獲物に出会わず、いささか焦り気味で四辺を物色しているところへ、羽音荒く一羽の大きい山鶏が、眼前の杉木立の中を縫うて、とある下枝に来て翅《はね》を休めた。

山鶏という鳥は、地を走り歩くもので、鴉や鳶などの如く樹木に停《とま》ることはほとんど無いと云うべきものであるから、茂右衛門は変な山鶏だと思ったが、とにかく好下物《こうかぶつ》御参なれと、早速銃を構えてねらいをつけた。

そのとき奇怪千万なことにはその山鶏が突然人語を以て、

「射撃《うつ》のかッ？」

と高らかに叫んだ。確かに山鶏がそう呼ばわった。普通の人ならば、その場合に、妖怪変化と感じて銃を投げ捨て逃げ出したであろうが、茂右衛門は剛胆不敵な壮夫であったので、これはすこぶる怪異な奴だと思いながら、少しも臆せずに、射撃《うつ》ぞと応えた。

　すると山鶏は
「射撃《うつ》？　射撃《う》って見よ」

と呼《よば》わった。オオ射撃《うた》いでかと応えて引き金を引こうとした刹那に、

「待てイ」

と叫んだ山鶏は、翅《はね》を半ば拡げて一段上の枝へ飛び移り、

「サア射て！」

判然たる人語で叫んだ。そのとき茂右衛門は考えた。こ奴め、下の枝から上の枝へ移ったのは、こちらの眼をだますためだろう。好《よ》し合点だと心にうなずきながら、下の枝なる元の位置を狙って一発ブッ放した。すると過たず弾は命中したらしく慥《たし》かに手応えがした。

　しかるに山鶏はスーッと音も声もなく、だんまりで飛び起って、杉の木立ちを縫うて去った。

　茂右衛門はしばらく鳥の跡を見送っていたが、追跡もしないで、その日はそれなり帰途につき、我が家へ来て、縁側先で肩から銃を下ろし、草鞋《わらじ》の緒を解きながら、妻女に対《むか》って、今日の怪鳥の始終を物語って聞かしてしまうと、突然アッと苦悶の叫びを発して卒倒をしたが、それなりついに死亡した。

茂右衛門のこの不測の死亡が、一家の禍《わざわ》いの先駆となった。引き続いて家族の大切な人から、次から次へと順々に急病や奇病で死去し、財産も月々にさまざまな損害を受けて減る一方であった。親戚も大騒ぎをして、救済に手を尽くしたけれど、いかんともすることが出来ない。ついに一家は零落して、僅かに死に残ったのが他国に流寓したが、現在では、茂右衛門の孫に当たる石津定次郎君一人がこの世に遺っている。この人は幼少のとき他家の石津氏を嗣いだがために無難であるらしい。

かの人語をなした山鶏はいったい何ものの変化であるかについては、久しい年月の間、親戚でも村民でもいささかとも疑問が解けなかったところ、数年前に及んで、或る動機から、怪鳥の本体が判明した。

右の石津君は、幼少の頃から、茂右衛門の女《むすめ》であった母親から、父祖の奇禍を実例に引かれて殺生ということを固く禁制されていたのであるが、成長してから、いかに我が祖父の実歴だと云え、現代人の常識からは、怪鳥事件なるものは、到底信じ難いとなし、多年奇怪な念慮に支配されて来ながら、とにかく母親の教訓に服して、殺生禁断を固守したため、当人の性質も仁慈の方面に成長し、そしてまた信仰心も自ら培《つちか》われることになっていたが、或るときフトしたことから心霊研究家の某と知己になり、その人から査《しら》べてもらった結果、定次郎君は、鞍馬山の魔王（俗に云う天狗の僧正）の守護がある人間で、かの怪鳥なるものは、魔王が臨時に化けていたものであったと云う事実が明らかになったのである。

魔王は、あのとき山鶏に変相をして、態《わざ》と茂右衛門の筒先に立ち、殺生を止めさせる工夫であったところ、その予定に反して命中弾を送られて片足を怪我したので、忿怒に任せて谷口家に仇をしたのだけれど、熟考してみると、自分の方にも責めもあることであるから、同家の血統を全く断絶せしめないで、定次郎君一人を赦したものであったそうな。この事は、魔王が前記の心霊家を通じて自己の意中を漏らしたので知られた事実である。現在のところ、定次郎君は魔王の守護に依りて、霊能を得ており、普通人の眼や耳に触れないものを、時折り見たり聴いたりが出来るという。

（付言。鞍馬の魔王の怪異に関しては、後項に於いて別に珍奇な事例を掲げた。徳川時代に、京都の某公卿の家臣に、殺生好きの男があって、或る夜未明に、洛北の野に猟に行き、神祠の森の横で狐に誑《たぶ》らかされヒドイ目にあうた末、神から殺生を戒められた譚《はなし》もある。）

奇術師以上の怪芸

一　矢田甚太郎の事蹟

三重県三重郡千種村大字岡に、数年前に故人となった矢田甚太郎という霊能家の現わした奇蹟は幾多あるが、諸種の疾患を、電波治療とでも云うべき奇妙な方法で全治をさせた、治方の根原は、その肉体にやどる強烈な電波であるらしい。大抵の病人は、矢田の居室に入ると直《す》ぐに五体が震動する、甚だしきは家の前へ来るとガタガタふるいを起こす人もあり。甚太郎君の面《おもて》だけ見てそれで病気が全治した人もある。また病人を一見してその死期を予言して誤まることが無い。曽《かつ》て一老婦人がロイマチス気分で少し故障があるので来訪して治療を乞うと、今日は来人が多いからおまえは帰ってお墓参りでもしたがよいとて治療を拒絶した。その老婦は少し屹《きっ》となり、自分は先刻から来て待っているものだと言うと、甚君は、おまえは七日目に死ぬる人だ、先の短いものを治療するよりも先の永い人を治した方がためになるから、おまえはこのまま帰りなさいとすげなく追いかえしたが、その老婦は果たして七日目に逝《ゆ》いた。

この甚君は或る日居村の山林が焼けるのを見て村民が駆け出すとき、この火は俺が消してみせると呼ばわって、水を入れた手桶を提《さ》げて庭へ下り立ち、燃え盛る山林を前方に見て、手桶の水を掬《すく》ってブッ掛けると、山火は見る見る消滅した事実がある。またある時の座興に、俺がこうして歩くと、釘づけにしてある床板が、畳の裏に付いて上がるとて、居室の床板をことごとく剝がしたこともあった。

この人がかかる怪芸を演出することを得るに至ったに就いて、一個の奇蹟がある。若いとき、山で炭焼きをしたことがあったが、何日間も小屋で起臥して炊事をして暮らした。或る日小憩をしていると見知らぬ白髪の老人が出現して、自分はこの付近に住む者であるが、汝が毎日米の研《と》ぎ汁を流しくれるお蔭で、数年来の痼疾《こしつ》が全癒した。それで恩返しとして、汝に何か秘法を授けるから望めと言った。

甚君は寡慾の正直人であったので、別段に大した慾望も無い、まず稼業の足しになるから、強健な筋肉力を得ることを教わりたいと望んだ。そうすると不思議にもその日から三四人力の体力になり、材木を担ぎ出すのに、中央部を肩へ当てずに、片寄った端の方を肩にして安々と運ぶことが出来た。それによって同地方では「甚太かつぎ」と称して今でも青年間に力技の型を残したほどである。

甚君は一旦強力の体となったが、或る日かの老人の出現した場所に行き、先日力を授かりましたが、力は自分一人のためになるばかりです、万人のためになるから、どうぞ病気を癒すことが出来るように願いますと願意を述べると、どこからともなくまたかの怪老人が出現して、自分の息を甚君の腹の中へ吹き込み、手で胸や脳天にマッサージのようなことをしてくれた。そのために、治病上の妙力が発生するに至ったとのことである。

二　修験僧鉄吾

もう一人、明治の中葉時代に、土佐国香美《かみ》郡上韮生村に修験兼農業の鉄吾と呼ぶ人があった。だれに授かったのか詳《つまびら》かでないが、不思議なことをする人間であった。

山の林木の伐採するに、どうしてするのか、人の十人以上の仕事を一人でラクになしたが、その伐《き》り倒した木は必ず一旦谷川の中へ落し込んでからこれを山へ引き揚げる、その引き揚げる方法が奇怪であった。谷川へ切り落された木の内一本を撰び、その端に大工の使う墨壺の糸を縛り、糸の他の一端を山の適当な地点へ持って来て張っておく。

すると夜陰に何十本何百本の材木が、その細い糸に沿うてブンブンいう音を立てながら谷から山へ飛び上がって行く。その音を聞いた人は沢山あってどれも不思議極まる念を生ぜしめられた。この人のかかる秘事は天狗から教わったことだとのことであるが、それは事実不明としても、とにかく人間業ではないと見做されていた。

鉄吾は或るとき某家にいて、前面の山地を指ざし、あの草山をここでいながら焼いてみせると言い、庭へ下りて土にその草山の略図を画き、枯草や枯葉などの燃えやすいものを置いてこれを焚いた。すると不思議、右の草山に火が発して綺麗に焼け、少しも他に延焼しなかった事実があったと云う。

（霊怪現象に無経験な科学万能人には、本項に書かれた怪異な事例を虚妄の迷信談として一蹴するであろうが、心霊科学者にとっては、立派にその可能性を認めしめるだけの理法が認定されている。

本項に書いた怪異を現実の事蹟とすべき裏書のため、かつて英吉利《イギリス》で実現した有名の霊媒怪異の事蹟を紹介する。このことも虚妄の迷信談だと排斥されるだろうけれども、知名の実験家たちの発表したことで、編者は無論これを信じているのだ。吾々の心霊現象研究では、本書の各項に書いたような怪異事件は平凡極まるものだと言いたい。

一八七一年六月二日夜、倫敦《ロンドン》のコンドーウィット街六十一番地の建物内の実験室で、ハーン及びウイリヤムスという二人の霊媒の霊素（一種の流動磁気で、人間や動物の心霊を組織する原質）を使用して種々な交霊現象が演出されたが、立会者の一人が、ここへ、ガッピー夫人の体軀を運び寄せてみせんかと戯言《ざれごと》半分に言った。

ガッピー夫人は、会場から三哩《マイル》あるハイベリー街に住んでいる霊媒であるが、この人体の千里寄せは多分失敗に終わるだろうと皆々が想った。

ところが、両人の霊媒が思念を統一して、深い睡眠に入ると間もなく、卓上にドシーンと大きな物音がして、一人の立会者の顔に衣服らしいものの端が触った。早速灯火をつけてみると（それまでは灯が消してあった。霊は太陽の光りや化学的な光線に逢うと、よく原質の凝集力を阻害されて実験が不十分となるものだが、懐疑派や反霊派といった人間は、この暗黒ということを、姦策の好都合にすることと悪意に解釈するのが世の常であるのは歎かわしい。それらの人々は、死者に心霊は無いという信念の先入主に捉われているので、それも余儀ないわけだ）卓上に大兵肥満のガッピー夫人が、無我の状態で全身をブルブルと震わせながら立っていたが、帽子もなく靴も穿かず、右手を眼の上にかざしてペンを握り、左手は側方に垂れて一冊の会計簿を抱えており、ペン尖《さき》のインキも、帳簿の文字も、十分乾いていなかった。

夫人はやがて意識を回復し、人々から問われて答えるのは、自分はどうしてここへ来たか全く判らぬ。自分の記憶するところは、自宅で姪のネーランド嬢と一緒に帳簿に記入をしていたことだと言った。次いでまた千里寄せの実験に着手され、ガッピー夫人の帽子、靴、オーバー、ゼラニウムの鉢など以上四品が取りつけられた。

さて右の実験後に、ガッピー夫人は、四名の立会人と馬車で自宅へ帰り、こちらから何ごとも告げない先に、ネーランド嬢の口から実状が語られた。それは、八時と九時との中ほどに自分等二人は炉の左右に座を占め、嬢は読書し、夫人は計算をしていた。その内に、嬢は何ごとか話しかけたのに、夫人の返事が無いので、顔をあげてみると夫人の片影だにない。扉は鎖ざしてあるし、床の上には夫人のスリッパがあり、天井の付近に白い霧が漂うているのを見たが、自分らの霊媒であることから、夫人に何か心霊現象が起こったことと気が付いたので格別驚きもしないでいた云々。

右の事実は、一八七一年六月十五日発行『スピリチュアリスト』誌に詳記され、八人の実験立会者と、二人の霊媒とが責任署名をしていた。しかるに、そのころは、心霊科学が幼稚で、世人の大多数が死後の生命について信じない時代のこととて、右の報道を信ずる者はほとんど無かった。

人体及び物品の千里寄せは、日本でも封建時代に山伏や修験者やでこれをなしたものがあったが明治年代には全然跡を断ち、大正年代からは、西洋に引きずられて来て日本でも心霊研究家が輩出し、良き霊媒を探索して物品の千里寄せには成功をしている。詳細のことは別著『心霊不滅』に譲る。）

罰を与える石

例一

大正十二年の初夏の頃、山陰道地方に突然有名になった「滝姫さん」の通称をもつ流行神が、出雲国簸川《ひかわ》郡布智《ふち》村大字保知《ふぢ》石《し》の辺境に生まれて遠近から参詣者が殺到した。その滝姫さんは、隣村乙立村に通ずる郡道からちょっと横入りをした場所に、高さ十丈に近い褐色の大岩壁があって、それに一条の滝がかかっており、滝の下にある小さい神祠の、ボロボロになったのがそれであるが、その祠の祭神は、武内宿禰《たけのうちのすくね》の姉さんであるという伝説であった。この神が、同地の兵隊戻りの田中某の妻のサヨというのに憑《つ》いて、病気癒《なお》しをやり出したところ、霊験が著るしいので、流行りだしたのであるが、参詣者の大部分は、まず身浄めとして滝に打たれる。

脱衣場は滝の下流十二間ばかりの個所で、そこから、身に一糸をも着けぬ真の赤裸姿になって水中をガワガワ歩いて滝の下へ行かねばならぬが、たまたま水中を避けて、そこらに面を並べている大小の石を踏んで前進するものもある。

その石の内に、畳一枚敷きほどの大石があるが、一足でもその石を踏みかけた者は、たちまちのうちに発熱をしたり腰痛を発したりして難儀をする。そこで、気がついて石に対《むか》って無礼のお詫びをすると、頓《とみ》に平癒をし、お詫びをしない限りは、いつ迄も悩まされる。あまりに毎日のように多くの老若がこの石の罰にかかるので、サヨ子は、石に注連《しめ》を張り渡して人に警戒を示そうかと神霊に伺いを立てると、神示が振っている。曰く、そのままに致せ、今の代の人間に神の畏るべきことを知らすがよろしいと、それで罰あての石はそのままに置かれ、いよいよ以て、人々を懲罰に逢わしていた。編者はその年に実地を探討して、種々の奇霊をみている、その一つを序《つい》でのことに紹介する。

滝に打たれる四十歳ばかりの婦人があって、褌衣《こしまき》をあてたなりでいた。最初、他の者から腰衣を去《と》ったがよかろうとの注意を受けたとき、女子は人前にてはいかなる場合も腰衣を絡《まと》うべきが礼だと言い張って聴き入れなかった。すると彼女は猛烈な腹痛を発し、水ばたに偃臥《えんが》して悶えている。そのことがサヨ子に報告された。サヨ子は、それは腰衣を脱がぬから神さまからお咎めを受けたのだ、早く介抱してお詫びの水行をさすに限ると命令をした。それで、人々が寄って彼女の腰衣を取り外ずして、下流の谷へ流し込み、更《あらた》めて滝に打たすこと二時間余にしてようやくに神から赦された。

例　二

大阪市東成《ひがしなり》区の依羅《よさみ》の畑の中に、昔から神石だと云い伝えられている三尺ばかりの天然石がある。大正年代に、一派の信者連中から、木柵で取り囲まれて天霊石として祀られるようになったがその少し前のこと、土地の農夫どもが、肩休めにちょっとでも腰を掛けると、直《す》ぐに刎《は》ね飛ばされた。また大阪の庭作りだの富豪だのが、景石《けいせき》にするために、畑主から買い受けて多人数の手で石を運び取ろうとすると必ず怪我人が出来たり、発病者があったりして、石の搬出が出来ない。そのようなことが何度となくあったので、評判高となり、ついには寄りつく人が無くなったところ、大阪東区の侠客肌の某材木商が、迷信嫌いであったこととて、自分が石を征服してみせると力身出《りきみだ》し、畑主から買い受け、或る日十数人の人足どもを率い、大八車を持って運搬しようとする途中から病気に罹《かか》り一旦家へ返ったが、どうでも運んでみせると頑張るうちに死亡した。それでいよいよ高評になり、結果は中野某一派から祀られるようになった。

例 三

日本海々戦に、名参謀として名を彰わした秋山真之中将が、戦後の少将時代に、一時大本教に帰依し、或る日、出口王仁三郎《でぐちおにさぶろう》を訪問したが、坐敷の床上に鉄瓶大の奇石が置いてあるので、自分に譲ってくれまいかと所望をした。

すると王仁は、この石は某信者から奉納した霊石で、神仕への職にあらぬ普通人が有《も》つと禍《わざわ》いが発《おこ》るからあぶないと言って注意をした。しかるに真之氏は自信があったと見えて、とにかくくれよとて無理に石を貰い受け、書生に提《さ》げさせ汽車で一緒に東京へ持ち還る途中から、真之氏は気が変になってしまった。秋山が気が違ったということを言われ出したのは、この石から起こったことだ。

その後、秋山の家庭で、それと気がついたので、大いに驚いて、主人の知らぬ間に、石を隅田川へ投げ棄てた。と、そのころ、東京の中野にいた医学博士の岸一太君（これも大本教信者）が、或る日、水中の石から霊夢を受け、翌日数十人の人夫を傭うて隅田川の水底を捜索させて拾い上げ、持ち還って邸内の神祠の中へ奉安したが、どうも岸家でも、種々と不仕合せがつづくので、石のためだろうと危惧し、再び王仁三郎方へ返還した。

例　四

明治二十六年十月に、石見に豪雨があり、安濃《あの》郡大田川が氾濫を見たあげくのこと、川添いなる大田町字新市の農、春日徳次郎というのが大田川へ砂利掻《か》きに行ったところ、見慣れない二尺許《ばか》りの石が磧《かわら》の草の中へ転がっていた。仕事の休憩にこの石に腰をかけて煙草一服吸うていると、忽然猛烈な悪寒を発しガタガタぶるいに顫《ふる》い出したので、瘧《おこり》にでも取つかれたであろうと想い、家へ帰って臥《ね》て、医師を招き診察をうけ投薬させたが、寸效《すんこう》もなく熱気も四十二度を超えるほどに昇った。そこで家族が私《ひそ》かに土地で名ある修験者某に験《み》てもらった。

修験者が言うには、これは容易ならぬ祟りに罹《かか》っているのだ、何か罰の当たるような石に腰をかけたことはないかと訊ねてみよとて注意を加えた。で、家族は還ってこの由を徳次郎に告げた。すると徳次郎は、昨日磧でしかじかの石に腰をかけて一服吸ったと答えた。家族はそのことを修験者に報告した。修験者は、徳次郎方から神酒と鮮魚とを磧の石に供えさせ、自身も陳謝の祈禱を施行した。それで徳次郎の怪しき病症もやがての程に平癒した。

磧の石に群衆が立った中に、一人の老人があって、この石は甘谷の円城寺の山内にある昔から名高い天狗の腰掛石である。多分この大雨のために、山の上から落ちて流れて来たであろうと言い出した。

その結果、わざわざ二里ある円城寺へ使者が立てられて、報道をされると、円城寺の返事に、いかにもその石は当山の腰掛石であろうが、自然の力で流れ出た上は、もう当山と縁切れになったことであるから、山へ取り回《かえ》すに及ばぬとのことであった。そんなふうで、寺で取り合わぬからとて、このまま磧へ置いては、またまた、人に障《さわ》るであろうとて、町内の決議で、北宮八幡社の境内へ安置することになった。

例　五

編者も大正の中葉に、一個の霊石に軽く悪戯《いたずら》をされたことがあった。

松江市内中原のお濠端《ほりばた》の畑の中に、多年孤立した五尺ばかりの自然石の建石があって、注連《しめ》が張ってあるのを知っていた。その石の由来が知りたさに或る日、その畑の番人小屋を訪うたが、番人が不在であったので、そのまま立ち帰ろうと思ったけれど、目的の石が、眼前四五間のところにあるので、無断ながら、畦道《あぜみち》を前《すす》んで石の許《もと》に寄り立ち、その奇抜な形状に暫時見惚れた末、掌《てのひら》をあてていた。

それから立ち去って畑を離れること半町内外にして、ボーッと発熱を始めた。自分は濫《みだ》りに石に触れたために石の機嫌が損じたのだと知るや、すぐに解障《かいしょう》の法をやったので、間もなく熱が退《ひ》いた。その後一週間ほど経て、またもそこを通りかかったので、番小屋を訪うと、番人は在宅で、建石の由来や、その怪霊の最近の実事を語ってくれた。

昔し加藤清正の侍医であった有名な久城春台は、加藤家滅亡後に松江藩に来り仕え、この内中原に屋敷を下賜されたが、明治維新後に、その旧宅が取り払われた際、この石は威霊があるので、何人《だれ》も触れることが出来ぬ。それで、畑作の妨害になるけれども、往古の位置から一歩も他へ動かせない。畏ろしいことには、石の周囲五六尺の内へは過《あやま》っても肥料のトバシリを及ぼしてはならぬ。及ぼしでもしたならば死ぬ目に逢わさせられる。

つい最近のこと、自分の郷里である大原郡から、八歳になる甥の餓鬼が泊りに来て、何とも知らずに建石の根へ小便をひっかけ、それから大熱を発して二日間は死人同様に昏睡したが、小便したことが知れたので、県社須衛都久神社の長岡社掌を煩わし、丁重な陳謝祭を施行させてようやく平癒をみたそうだ。

鬼のおかみさん

長崎県西彼杵《そのぎ》郡は、慶長年代からの因習で天主教徒が多い。明治十八年ごろのこと、黒崎村の農△△方に十七になるクラと云う娘があって、親たちと共に天主教の固い信者となっていた。で、家族と毎々、長崎の会堂へ通っていたが、或る日、会堂の外から聞き慣れぬ声で「おクラおクラ」と二タ声呼び立てたものがある。

彼女は誰が呼んだかと思って、窓の外を見廻したけれども、人はいなかった。さては空耳であったかと思い、座席に就《つ》くとまたも「おクラおクラ」と二タ声呼びかけた。またも立って窓の外を見たけれども依然として人影が見られなかった。三度目に呼んだときには、席を立たずに一生懸命にお禱《いの》りを上げていると、けたたましく「おクラおクラ」と呼んだ。やはり立たずにいると、呼び声が接近して来て、果ては耳元で鐘を鳴らされたほどに大声で呼ばれた、が、傍《かたわ》らの人には聞こえないと見えて一向に何ともないようだ。彼女は奇怪千万と思いながら、その日は帰宅した。

しかるに二三日後に、夜間に彼女はただ一人で家を出て田圃道を歩いていると、背後から「おクラおクラ」と呼ぶので、ヒョイと振り向くと、顔に柔らかい一重の紗《しや》のようなものがフワリと当たったように感じたが、一向に人の姿が見られないので、またあれかと思ってそのまま前進すると「おクラおクラ」が遠くなったり近くなったりしてしきりに呼び立てるから、恐くなって我が家に逃げ回《かえ》ると呼び声はなくなった。

かくて両親に右の事を告げて就寝し、一ト睡《ひねむ》りした後に目を覚ますと、誰か一人自分に添うて寝ている男があるようだ、そして、五体がどことなく擽《くすぐ》られるようだ。けれども、事実、何人《だれ》も自分と一緒に寝ている者は無いので、気を鎮めて睡ろうとすると、傍《そば》から手をかけて揺り動かし、そうして肌に何か触れるようだ。

驚いて目を開けてみると、依然として何者も傍にいない。何度となく同じようなことを感ずるので、夜明けのころには物狂おしくなったが、ついには全然狂態に進化し、俄《にわ》かに寝床から飛び起きて、何物かを引き止めようとする如きさまで、その上、何ごとか睦言《むつごと》らしい囁《ささや》きをもするようになった。これが数日もつづいた。

親や近所の人間は、鬼の亭主が憑《つ》いたと言って悲しんだ。そして仏国から来ている宣教師のデローという人の許《もと》へ、祈禱を頼んだ。

デローは熱心家で、長崎から二里もあるのを毎日テクテク通って祈禱をしてくれたけれど、験《しる》しが無かった。おクラに憑いた鬼は宣教師を嫌ったらしく、おクラの口を藉《か》りて宣教師の家庭内の私行など、一挙一動を素っ破ぬいて嘲弄した。

宣教師が長崎を出発すると、おクラは「ソラ、今日も来るぞ、今、教会を出た」とか「いよいよ来た、モウ村へ入った」などと言って物に怖れるが如く狂い廻ると、やがて宣教師が姿をもたらすというようなありさまであった。

おクラは、宣教師の外に、来る人毎《ごと》に、その人の隠秘の私行をさらけ出して、面罵するので、後には村民も忌《いや》がって寄りつかないようになった。しかし宣教師の熱心な祈禱が幽鬼を征伏したのか、三十日ばかり経ってから、おクラの異態は終熄して鬼も離脱したように見えたけれど、おクラは、以前の未婚の処女の態はいささかもなくなり、その容貌、言語、態度は純然たる有夫の婦人に変じ、相渝《すがたかわ》らず長崎の教会に通うけれど、夜間就褥すると、発作当時のような気持がするのみならず低声《こごえ》でヒソヒソ話をするさまは、何者かと同衾している通りであるから、村民から「鬼のおかみさん」の綽名を付けられていた。かくて何年間も無配偶の生活を送っていた。彼女は土地にて誰知らぬもののないまでに有名な女であった。

天狗のお弟子

昭和の初年ごろ、三重県桑名の殿町《しんがり》に、六十余になる老俥夫の外川初次郎と云うのがあって、「天狗の初さん」が通り名になっている正直人間であった。(今では故人である。)

　この人は桑名の春日神社横の花屋の息子として生まれ、九ツの年に実母を亡《うしな》って継母が来て、それから両親に苛酷な使役に服せしめられて毎日心に泣かされていた。その年の晩の二十六日に、五里を隔てた美濃国の松山村へ、正月用の梅と早咲きの桃の花を買い出しに行くべく、夕方に両親が散々に打擲《ちようちやく》して家を追い立てるようにして出した。明後々日迄に花を持って帰れとのことで、九歳の小僧には非常に難儀な使命である。

　実母がいたらばと泣き泣き家を出でて、大山田村の沢と云う所へ行くと、「初次郎初次郎」と聞いたことの無い声で後方から呼びかける人がある。振り返って見ると、背丈の高い白髪の老翁が立っていて「汝はまことに可愛そうなものだ。今日のことは一部始終門前で聞いている、この後は俺を親とも思って、難儀なことがあるときには、多度山の方に向いて俺を呼べ、そのときにはいつでも救いに来てやろう、今日は美濃まで送ってやろう」と深切に言って手を引いてくれると間もなく松山へ着いた。あまりに早く到着したので子供ながら不思議に思った。

　かくて所用の家へ行き着くと、その家では夕飯を済ませていたが、かの老翁は初次郎を主人に引き合わせて、今日のことを委細に話して聞かせ、まことに可愛そうな児だから、今晩は手厚く憩《いこ》わせてやれ、一両日中にまた迎いに来てやるとてくれぐれも頼んでフイと立ち去った。この深切な老翁が後年五十余年に亘《わた》り、初クンを指導した天狗であるとはそのとき夢にも気が付かなかったと云うも無理からぬ。

二三日後にブラリとまた老翁が来て、「初次郎、とにかく俺について来い、花なんかどうでも宜《よ》いようにしてやる」とて松山の人の家を連れ出されてから、帰郷せず、そのまま二十日計《ばか》り、中国から九州四国、信越、野州の名山や巨社を方々と連れ廻って参詣させられ、それから桑名へ帰らせられると、両親は怒りも喜びもせず、しかし依然として虐使されるので、毎度多度山神社の方を眺めて「親さん」（天狗翁）を懐《おも》うたものだ。爾来後年に至って一回乃至四五回、「親さん」が来るのだが、他人の肉眼にはそれが見えないのが普通である（見せようと思えば顕身の法を使うのだ）。来られるといつも菓子や餅または果実などの土産物がある。

「親さん」が約二百年前に現界人であったときには加納幸雄と云って、伊勢国稲部《いなべ》の治田《はった》村の領主で生国は安房《あわ》であったと云うことで、多度山の使丁神として天狗界に入ったのだ。先年編者の知人たる名古屋市の宇佐美氏が初クンを訪問して対談の際、初クンの話に、親さんに伴われて行く場合に両人とも普通人の肉眼にかからぬそうだ。桑名の春日神社へと供をして参拝するときなど、私の姿は御門までは何人《だれ》にも見え、御門から一歩入ると消え失せてしまうそうで誰も不思議だと言っていますが、自分では何も常と異った感じはありません云々と告げた。

（初クンの説明をした天狗界の現状には珍談が多いが、こと専門に亘るので書かれない。神霊顕著の神社名山類には大抵天狗が居って、不浄人や罪悪の重い人間が来て汚《けが》すと、暴風雨などを起こしてこれを追い払い跡浄めをすることは現代人の心得ておくべきことだ。）

初クンは「親さん」からいろいろの秘法や秘薬などを授かって、折り折り諸人《もろびと》に驚嘆的な懐《おも》いをさせる。

関屋沢の怪異

昭和二年の夏、編者が群馬県利根郡の山地を跋渉した折り、土地の人から直接に聴いた実話である。

同郡新治《にいはる》村大字猿ケ京から、二奥里なる越後境に三国峠という国道があって、その横に関屋沢という場所がある。そこに祭神は不明であるが、俗称「石ノ宮」というて石造の古い小祠が十二社あり、境内近くに高さ三十三間の懸瀑があって、冬季には水が凍って一大氷柱《つらら》に化しすこぶる壮観を呈している。

この関屋沢の山林中には、鳥獣が多いので、冬期には、各地から猟夫が入り込み、さかんに捕獲物があるので知られているが、なお一層知られてあるのは、死亡や産穢など不浄の気をうけた者が猟に来たとき、その者に発する常例的な怪異である。

かの三十三間の滝の大氷柱が、山谷に轟く大音響を伴って谷底に墜落したような感じがする。そしてその音を聞いた日には、すべての猟夫を通じて一疋の獲物がない。またその地にある炭焼小屋に宿泊する猟夫があるときに、小屋がバリバリメキメキと今にも傾倒しそうに震動するので、大地震か大風かと驚いて、小屋から飛び出すが、出てみると何の怪もないのだ。

伝説によると、石ノ宮には天狗が居って、不浄者を一番に悪《にく》んでいる。恐ろしい物の音をやって気付けをされながら、やっぱりマゴついてその地を去らぬ者があると、空嚇《そらおど》かしでない実際の厳罰を加えられるので、皆怖れている云々。

黒鼬《いたち》の妖

前項の猿ケ京の上手《かみて》の農家の林豊三郎なる老人の家では、毎度黒鼬《いたち》のせいとして知られている怪事がある。

その黒鼬はよっぽど年経た老大な奴で、出没常なく、一見気味のわるい感じを人に与えるのだ。その家では、いつも納戸の入口近くに構えてある古仏壇の方から、怪しい音がして、台所の方へその行進をする。時としては、ハアーと云う溜息のような陰愁な音が聞こえることもあり、有名なもので、村の青年輩はことごとく実験をしており、これを捕えようとしていろいろと苦心をしたけれどついに不可能であった。或る夜、かの怪音と同時に、青みある大坊主の影ン坊が障子に映ったときには皆が眼を見合せてギョッとしたと云う。

分家の出来ぬ家

若狭の小浜に、島津九右衛門と云う代々同名を名乗る旧家がある。先祖は源頼朝で、島津公爵家と同祖であって由緒最も正しく、今も頼朝より伝えられた兜《かぶと》がある。この兜の外は頼朝伝来の、太刀と血統の由緒書ともあったけれども、四代前の時分に、薩摩侯分家の島津某（現今子爵家）方へ横奪されたそうだ。

九右衛門島津家には、二つの不思議が昔から継続して今に変わらぬ。その一つは、九右衛門が代換わりをして新たに戸主となるものには、必ず眉に長い白毛が一本ずつ生ずること、他の一つは男児が数人もあった揚合に、他家へ養子に行くのは構わないが、独立して分家を立てるとなるとその者は必ず死亡することである。大正になって、古伝の迷信を打破するとて戸主の弟が分家をするはずになっていたところ、突然病死をしたので、やっぱり駄目かと観念をされた。

現在の主人が、日露戦役の際に奇蹟的に生命拾いをした事実がある。その戦役の折りに、当人は海軍に服役をして、舞鶴軍港の所属でいたところ、戦地へ行く前に、健康診断を受けたとき、自分は病気とも何とも感じないのに、軍医は病気があると診断し除隊の命令が発せられた。当人は大いに残念がり、自分は従軍に何ら差し支えがないと信ずる体である。どうぞ戦友と共に戦地へ行かして下さいと哀願をしたけれど聴かれないで、除隊帰郷のことになった。

その晩に、郷里の八十一歳になる老父が夢を見た。夢は、白髪白髯の神々しい老翁が現われて汝の長男は除隊帰郷のことになったから、明後日に京都へ迎いに行き、田中伊之助方へ行っておれよと告げた。この老人は、かねて信仰する八幡神であると想ったので、疑うことなくその翌日早々京都へ出発をした。田中方は懇意な仏具商で、下京区仏具屋町五条下るに在るのだが、二日目に老九右衛門が田中方へ到着をすると、ちょうど舞鶴から除隊になった長男がやって来て、自分も一昨夜、白髯の老人の夢告を得てこの家へ来たのであると告げた。

とにかく、病気でもないのに病気だとて除隊にされたは奇妙なことだと言っていたところ、その後に至り、舞鶴から出征した元の戦友の一隊は、その地において一人も残らず戦歿をしたことが知れ、さては八幡神が救って下されたに相違ないことだとて、爾来同家ではいよいよ信仰を深くした。

先代九右衛門と云う人は、恬但《てんたん》無慾で、顕家訪問などはいささかもなさない。近衛公家とは親類筋に当たっているが、用事があって若狭から京都へ出ても一度も近衛家を訪れたことがない。また明治維新の前後、島津久光公が京都滞在中、ぜひ一度面会がしたいと言ってよこしたが、面倒臭がってそれにも会いに行かなかった人間である。

蛇に支配される温泉

例一　関温泉

越後国西頸城郡の関温泉は妙な因習をもっている。五月一日は温泉開きをして夏季一パイと秋半分とを営業期にし、十一月一日には閉湯をするのであるが、その湯開きをする前七日間は、村の古刹の妙高寺から住職が出向して、元湯の前へ祭壇を構え、毎日、山の主祭りをやる。その祭典中は、何人《なんぴと》をも入浴せしめぬが、その代わり、大小の蛇が何百とも数えられぬほど多く出て来て喜々として温泉の中を泳ぎ廻って、いかにも楽しげに日をくらしているのが、常例である。こんなに多くの蛇がどうして来るかと問うは野暮、山の主なるものが巨《おお》きい古蛇であるからだ。

明治十八年のことである。その頃の関温泉には旅館が四軒あって、入浴季中は相当に繁昌をして十分に営業になっていた。しかるにこの温泉場は高所にある道路から、遥かに低谷へ向かって下降して行かねばならぬと云う不便の場所にあるので、旅館組合が協議の結果、明治二十七年に泉源を上部に探索し、約十二三町ばかりの高みの個所に掘り当て、直《ただ》ちにそこへ新館を建て、各戸に内湯を取り込んで客を迎えたのは好形勢らしくあったけれど、間もなく温泉の温度の高低の差が甚だしくなり、追々に客が減って営業困難に陥った。

或る日、新らしい一人の入浴者が来て言うことには、近ごろ温泉の加減が狂って来て寂れるそうだが、それは山の主を祭ることを廃止したためである。ここの温泉は元来人間のために湧き出たのではなく、山の主の眷属たる蛇のために出た温泉であるから、以前通りに温泉開きのお祭りをしてみるがよい。きっと良くなるとて、あたかも手に取るが如き語調で旅館の主人に説いた。

その旅館の主人は、迷信臭い説法をする人間だとは思ったけれど、困っている最中の入れ智恵として感聴し、同業協力で、まず山神の祠《ほこら》のところに新温泉の元湯なるものを造った。それは三四尺角の木造の浴槽で、出来上がってから寺僧を招き、以前に倣《なら》い七日間の山の主祭りを施行したところ、不思議や、そこでも大小無数の蛇が浴槽に集まり、我《わ》が物貌《ものがお》に毎日沐浴をした。その上奇怪なことには、山神の祠の屋上から、一疋の大きい蛇がブラリと半身を垂下させて、祭祀の儀式中、謹んでこれを享《う》けているような態を現わし、儀式が終わったら、同時にどこへか立ち去ったのを人々は見た。

山の主の祭祀が済むと、その後は温泉の温度が一定して狂わずになって、追々に名声を回復しついに今日に継続されるようになった。そしてかの山の主を祭れと言った人間は、どこの何人《だれ》であるか、そのときだけ顔を出したこととて爾来誰にも判らぬから、実は人間ではなく、山神の化身であったろうと云うことになっている。

例二　馬込温泉

約三十年前のこと、山梨県西八代《にしやつしろ》郡大河内村大字大島の馬込の山中に、一つの鉱泉が発見せられ、これを湯に沸かして入浴すると、病弱者に霊効があるので、湯場を建てて客を引くことになった。しかるに、鉱泉の湧出する付近の岩窟に、胴の太さが普通の薬罐《やかん》ほどもある大蛇が棲んでいて人々の眼にかかることがしばしばあるために、怖がって湯治客が行かぬ。

この事を聞き込んだ東京根津の行者、矢部清次郎君（前項「神仙の楽音」の実験者の一人）がわざわざ身延山を経てその大蛇の居るところに行き、大蛇の方に対《むか》い大声を以て、オーイ大蛇！爾今そなたを当所の湯場明神として祀ってやるにつき、濫《みだ》りに人眼にかからぬようにせよ、そしてまた湯治客を護るがよいと言い渡し、温泉の経営者をして、小さい祠《ほこら》を建てさせて、大蛇を祀らせることにした。それからと云うものは、大蛇が人眼にかかると云うこともなくなり、湯治客も段々と多くなって、湯場は繁盛した。

矢部君はその後、大蛇のことはトント忘れてしまっていたが、八年後の或る日、身延山へ参詣をして数日滞在をしたことがあった。一日その宿坊の一室で午睡をしていると、頭上の桁《けた》の方で妙な物音がして、塵がバタバタッと墜ちて来た。鼠でも走るのかと思って眼を開けてみると、四尺ばかりの蛇が桁の縁に横たわって下を俯瞰しているから、嫌な奴が来たとて起き上がって怒鳴り立てると、怪しんで人々も寄って来た。

線香を束にして火を点《つ》け、それを竿の尖頭へ括《くく》りつけて、蛇の鼻先にのぞかした。左からのぞかすと頭を右に振り、右からのぞかすと左へ頭を振って火を避《よ》けはするけれど、一向にその場を去ろうとしないさまが、どうも訳がありそうで、尋常の現象では無いと想像された。

そこで矢部君は鎮魂をしてみると、蛇が宙音《そらね》（修験者などに経験される幻音のこと）でこう云うことを言った。「自分は八年前に馬込の湯場で、湯場明神として祀られた蛇であるが、今度お山へ御参詣になったのでわざわざ御礼に参上したのだ」云々。

その言を聞いた矢部君は、湯場明神たるものが、正体を現ずるとは以ての外だと難ずると、いや全く悪かったと謝まった。で、矢部君は、そちがいかにも湯場明神であるなら、何か証拠を見せよと追窮すると、承知しました。このたび貴下が東京から二人の婦人患者を湯治に送っていますが、明日はその患者に、湯場で自分の正体を見せましょうと告げて蛇は立ち去った。

矢部君は興あることと思ったので、翌朝下山して、四里半を歩み、馬込の湯場へゆき、かの二人の患者に面会して、大蛇を見なかったかと訊ねると、両人ながら今朝ほどそこらでチラリと奇妙な蛇を見た。長さは僅か一尺余りで、胴は茶碗大の太さであったことを語って驚いていた。矢部君はそれによって大蛇の霊能が大いに働いていることを覚った。

かの二婦人は、二人ながら下谷方面の住者で、共々に子宮病を悩んでいたのであるが、僅か四五日許《ばか》りの湯治で、全快して東京に帰ると、二人ながらたちまち大熱を発して苦しみ出した。どうも奇怪な病状だと言うので、先立って帰京していた矢部君が鎮魂をすると、現われたのは例の湯場の大蛇の幻像だ。そして言うには、子宮病が早く癒《い》えたのは全く俺の力であるのに、礼ものべずに帰ってしまったから煩わせたのだと怒って言った。そこで二婦人をして直ちに湯場明神へお礼を言わせて遥拝をさせると、さしもの高熱がケロリと消散した。

（矢部君は若いときから、さまざまの霊怪現象に経験があり、本書には、その実見談の採録が三ツ四ツもある。）

小火の巨威

例一　盗児の吃驚

明治年代の事実である。身延山の末寺に入って泥棒をした男が、盗品を風呂敷包みにして提《さ》げて普通の参詣人のさまを装い、同山の修行場である妙豊堂に立ち寄り、堂守に対《むか》い、煙草の火を貸せといって煙管《きせる》を差し出した。

堂守はこれに応じて、火箸で火鉢の中の炭火を挟んで出すと、泥棒した男がエッといって驚いて後方へ片手づきになって退き下り、煙草の火にそのような大きい火を出さんでもいいじゃないかと恨み口を言った。

その容子を見てとった堂守は、オイおまえは、何か悪いことをしているに違いはない。その驚きようは何事だ。ここは妙豊さまの御霊前であるぞ、おまえは神さまのお咎めを蒙っているに相違はない。何か身に覚えがあるだろう、早く謝まるがよい、どうだどうだと諭《さと》したり責めたりした。

そのとき泥棒男は汗を流して懺愧《ざんかい》し、盗品を元へ回《かえ》し、それから発心して僧となり、同山に勤行することになった。（姓名はあずかる。）

これもかなり旧いことで明治初年の事実である。備後から、毛利某なる医者が出雲大社へ参拝にゆき、同社の千家《せんげ》国造《こくそう》館へ数日間滞在することになった。

一夜、同家の国造（故人尊福《たかとみ》男の厳父であったらしい）と碁を打った。そのとき対手《あいて》の国造が、碁石を手にしながら、何ごとにか耳を澄まして聞き入る態で、しばらく碁のことを忘れているようであって、やがて、ちょっと御免と会釈をして座を起《た》ち、碁盤の傍《かたわ》らなる燭台の蠟燭を持って縁側の横手の廊下へ出で、そこの窓を開けて、手にした蠟燭の灯を高く外方へ差し出し、しばらくしてからその灯を持って元の座へ回り再び碁を打ちだした。

毛利医師は、国造の挙動に不審をし、唯今何をなされましたかと訊ねると、国造は莞爾として、今ごろ沖に難船があって方角が判らぬので困りはて、大社を祈念して、お救いを求めるので、その難船に火を見せて陸を知らしたのだと説明をした。

しかるに、この千家邸は、海岸には近いけれど、小山の端や民家のために隔てられて、海上を直接に見ることのならぬ場所であるから、医師は国造のなしたことが腑に落ちなかった。

すると翌日、その難船の船頭が、大社へ感謝の参詣をして社務所の職員に語るには、夜前、海上で荒れに遭い、その上、闇《くら》くて陸地の方角が立たぬので、一心に大社へ祈念を凝《こ》らしたところ、やがて大きい火光が見えたので、それを目標に舵《かじ》を立て、夜明けに無事に浜辺へ船を寄せたとのことであった。海上遥かの沖にいて、小さい蠟燭の火を松明《たいまつ》なんかの炬火《こか》の如く見たのは不思議であるが、ましてや国造の手にした灯が直接に海に面したのでないのに見えたのは、いよいよ不思議だ。

三龍神の一口噛み

茨城県から東京へ来て祈禱業をやっている栗原某の祈禱所の庭の池で、昭和八年の夏に、人をビックリさせた怪事が発生した。

栗原は兵隊上がりの男で、その意地強い点と霊能の点とで、ちょっと、尋常の修験者に見られない霊異事件が時々現われるので、評判が高い。

その庭の池には、御嶽山から二三疋ずつの龍神が毎日通勤をしていると云うことを真面目に言いふらしていた。どんな龍かと問うと、その答えが振るっている。曰く、御嶽山の三の池には、赤、黒、白、青、黄、の五疋の龍神（神通力を得た蛇を古来龍神と呼ぶ）が居り、神命に依って、一ケ月交替に、日毎に二疋または三疋ずつ空行して来て、我が祈禱所に祀られる日天子、月天子その他の神仏に仕えているが、黄なのは、幼稚なためまだ一度も来ない。一番よく来るのが赤、黒、白でいずれも絵に描いた龍のような状貌をしており、胴の太さは丼ほどあり、黒いのは背だけ黒く、腹は淡黄色で、面部の両側から胸へかけて一本の朱線が通っている（栗原の信者中の二三名は霊眼が開けて、栗原と同じように池の龍神が見えるとのことである）云々。

彼らの見るところは、彼らの幻視であるに過ぎないと局外者は断定をしている。ところで栗原方の池で怪事が発生して、信者連中を畏怖せしめたのだ。

池は水面二坪余りで、常に四尺の水深が保たれて、鯉と金魚が二十尾放たれているの外、他に何ものもなく、水は清浄で底が見え透いている。

真夏の炎暑の最中たる午後二時ごろであった。目白付近の薪木屋の宇田川某という青年の店主は信徒で、毎度参詣に来る人間であったが、やって来るなり脱衣して裸となり、プールへでも飛び込むようなジャラけた姿勢でざんぶと池の中へ飛び込み身浄めに取りかかった。

すると、たちまち呀《あっ》と叫んで慌てて岸の上へ這い上がり、痛い痛いといって右の股を抑えている。見ると、膝頭から三寸ばかりのところを起点として、二寸置きぐらいに三ケ所まで、指の先で肉を摘《つ》み取ったほどの穴が開いており、そして奇妙にも血は一滴も流れない。どうしてこのような怪我をしたのかと、居合わせた人々は池の中を検査したが、水と魚との外は、一片の竹木も瓦石もないから、不思議不思議と連呼した。

そのとき祈禱室にて行をしていた栗原が、宇田川さん、三疋の龍神が一口ずつ腿の肉を噛み取ったのですよと大きい声で笑いながらに言った。血を流すと池が汚れるから、それで血が出されないのだと後で附け加えた。

宇田川某は怪我所を抑えて変な面をして、今さら恨めしげに池を見つめていた。

（肉眼に見えない龍体が、現実に人の体肉を齧じり取る道理はないというのは、顕界生活をする唯物迷信の人間的常識論である。霊は肉を超越する活力の所有主であることは、心霊科学で実証されて疑うべき余地のないものだ。）

西福寺の不思議

王子区堀船町字豊島に、一千年以上になる古刹の西福寺というがある。土俗には阿弥陀寺と称せられて、旧豊島の七名蹟の一つで、有名な「身代わり地蔵」を安置した堂もある。

（身代わり地蔵のことは、昔鎌倉にて北条時頼夫人が、双六に負け、当初の約束にて、人前にて裸体にならねばならぬのだから、今さら困惑をして、日頃信仰の地蔵尊を念じ、何卒《なにとぞ》この場の我が難儀を救い玉えと禱《いの》ったところ、夫人の傍《かたわ》らにあった双六盤の上に、裸体の地蔵仏の立った姿が、朦朧として一座の人々の肉眼に映った。この事から、身代地蔵の名が出たのであるが、西福寺のは、現在鎌倉の某寺に在るこの地蔵の復写物である。）

現在の住職は小松原栄誉師で、若い時に、故人井上円了博士の哲学館に通学し、奇蹟や幽霊、妖怪の類は皆、各人の幻錯覚から起こる仮影的な現象だと教えられ、一切の霊怪を迷信視していたところ、その後において、真の亡霊事件に逢着すること数度、殊《こと》に大正十二年九月一日の関東大震災に現われた奇蹟などで、今ではしっかり霊怪や神秘の肯定家になってしまったと自ら少壮時代の未熟を懺悔している。今左に住職の実験した怪異を書こう。

栄誉師はかの大地震の前三月ばかりのときから、邸内の井戸の水量の激減に気づき、家族や知人に対して、遠からず大地震が起こるであろうが、この寺などは殊に古い建築だから危険だと思う、地震が来たときには、何はさて措《お》いても外へ飛び出すことだと、毎度の注意に、受け持ちの巡査など大笑いをしており、あんまり言い玉《たま》うと、民心に危惧を与えて法律の厄介が来ますなどと、冷かしを言っていたが、果然、九月一日にグラグラッとやって来た。そのとき師は、家族を伴い一《いっ》さんに外へ飛び出した瞬間、庫裏《くり》も本堂も観音堂も皆々一遍にペチャンコに潰れてしまい、地蔵堂の堂守の老爺は逃げ遅れて圧死した。

栄誉師は、体の危難は無事に脱し得たなれど、大いに困ったことが一つある。それは、外出先から帰来し、暑かったので、シャツと股引《ももひき》一ツになって縁側で汗を拭いているときの地震で、裸同様の姿で飛び出したことだから、着衣が無くて困ったのだ。

するとその日の夕方に、界隈《かいわい》の檀家から、十二人の死者を大桶や空箱類の中へ入れて寺の庭へ運び、埋葬する前に型だけでもよいから回向《えこう》してくれよと頼んで来た。

いかにこの混雑央《なか》ばとても、まさか裸体で仏事は勤められぬから、それら檀徒や近所の人々をたのみ、倒壊している庫裡の一部を引き起こして、居室の跡から着衣を取り出すことにし、それに取りかかろうとするとき、一人が、ペチャンコになっている庫裡の屋上の中央部を指示し、アレに見えるのは衣類ではないかと叫び立てる。見上げるといかにもその言の如くで着衣や帽子などが見える。

栄誉師は奇妙なことだと思いながら、人々を連れて屋根の上へ這い上がってみると、仏衣と袈裟と住職の下駄と中折帽と一聯の珠数、以上の五品が棟木《むなぎ》や瓦の間に半分はみ出しているではないか。これは妙だと驚き合ったが、とにかく早速それらを引き出して一着に及んで儀式をなし得たのだ。右の屋上の諸品は、地震前には屋内の一所にあったのではなく、仏衣と袈裟は書院の衣桁《こう》《い》に掛けてあり、珠数と足袋は書院つづきの一室に、帽子はそのまた次の室に、下駄は土間にと、それぞれ置き所が異なっていたものである。この不思議は永久に謎たるものだ。

翌日は、庫裡が衆人の力で引き起こされたが、一切の家具は破砕していたのに、ただ仏衣簞笥二棹は無事であったので、仏の加護だとありがたく思われた。

栄誉師が、初めて亡霊現象に接触したのは、明治の中ごろのことで、荒川の対岸なる江北村大字沼田の恵明寺に行《ゆ》いていた折りのことであった。日の暮れかたに、その寺の住職その他十一人と一室に会合中、突然その室の中央部に異様の音響が発した。例えば草履でも穿いて道路を摺りながら歩くようスーッスーッと云う音が、畳の上一尺内外のところに響いて、それが障子際へ三度ばかり往復したのであるが、その最終のときには怪音が袂《たもと》際をすれすれに通り、厭《いや》な感じがした。一座の人々にもこの怪音の通るときには、無言で眼を見合せて恐怖と驚愕とに心胆を戦《おのの》かせた。

恵明寺の住職は、老僧だけであって経験者である。最初から平然としてかの怪音に耳を傾けつつあったが、怪音が止《や》んだ後で、今のはたしかに小児の霊魂が来たのだと言った。果たして後刻、千住在の檀家たる魚商某方より、先刻少女が死亡したとて明日の葬式に就いて依頼をして来た。

もう一つ、昭和元年のこと。或る日の夕方、かねて出入りの酒舗の若い者が、西福寺の庫裡《くり》へ駈け来たり、只今本堂（震災後改築）後ろから空中へ妙なものが出て歩いていると注進をした。

住職は直ぐにその若者を伴って本堂の表へ行いてみると、当日は曇り空であったが、煙の如き淡い人体を具えたものが一個、空中五六尺ばかりのところを本堂の後ろから横手へかけて暫時彷徨するさまであったが、ほどなく消失した。

またその後何度となく、夜分に地蔵堂と寺門との間の空中二三尺のところに、男か女か判明せぬものの幽霊然とした怪姿が、庫裡の入口から認められた。この庫裡の地所は寺門より数尺の高みに在ること故、その怪姿はそこの地上七八尺の空を彷徨するものだと見做されている。

またこの寺は、寺門から入って二十数歩のところ左方に方六七間内外の四角な池があって、小島中に弁財天の小祠がある。池の後方には生垣を隔てにして数戸の人家があって今日では何の凄みもないが、以前にはそこらは大木が茂っていたもので、池の辺りに古狸が住んでおり、しばしば大入道姿を現じて人を驚かしたと云う点で界隈に周知のものである。

王子郵便局前の鮨《すし》屋日之出方の店員は、今より十数年前に、夜陰に鮨や蕎麦の類を携帯してこの池の辺りを通過するとき、何度も入道姿に脅かされた事実があって、同店の老主人は、詳しくその実状を語っておりその入道姿なるものは小松原住職も両三度実見したそうである。なお師の話に、先年寺門近くに住む老媼《ろうば》が、或る夜七八歳の孫児と一緒に池の横を通るとき、大入道を見た。小供は恐れたけれども老媼は勇気を出し、突進して大入道に肉薄をすると、あたかも影の中にでも飛び込んだ如き感覚で同時に入道姿は消失したとのことである。

超生理的な怪力

一　病人や幼児の大飛跳

心理学者や医学者に謂わせると、一種の病的現象だと解説を下して、何ら疑うことなき面をしているところの筋力の大活躍とみるべき怪事がある。

大正年代の初めに、松江市大字大片原町の某商家の息子の十歳ばかりになるのが、或る日俄然として異状を呈し、あらぬことを口走って狂い歩き、道路へ出てから、自家の二階の手欄干なる廂《ひさし》屋根の上へ、身軽に飛び上がり、それから地上へ飛び降りるとたちまちにまたも飛び上がることを何度もやった。地上から廂屋根の上へは八尺ばかりもあることとて、これを見た人々は大いに驚いた。後日調べて判明したことは、近くの須衛都久神社境内の荒神を祀る大榎に、かの息子が小便をひっかけたため、荒神の霊が憑依して人騒がせをしたのだ。

また同市の南殿《みなみとの》町の呉服店草谷方で年増の内儀が、明治中葉に怪異を現わした。同女は奇病に罹《かか》り、これもまた種々なことをベラベラとシャベリ散らして喋《はしや》ぎ廻り、二三十日の間全く飲食を絶ちて骨と皮とになり、病床に横たわって自分の独力では寝返りさえ出来ぬように衰えていたところ矢田某なる有名な修験者が来て狐憑きだと看做し、いろいろと秘法を行うと、「退散する」

と言い出し、病婦はスクッと軽やかに身を起こして縁側に立ち出で、一躍して、小庭の先にある高さ七尺内外の竹垣を跳ね越えて、その外にある古井の中に落ちて引き上げられた。それから一日一日と健康を回復した。

また、大本教の王仁三郎の実弟で、丹後の元伊勢神社の神職をしていた人に、神憑《がか》りの現象が起こったときには大亢奮を発し、地面から二階建ての家の棟の端へ、一躍りに二丈余も飛び上がり、降りるときには、逆さまに鯱鉾《しやちほこ》立ちの芸当をして巧みに身をこなして平然として飛び下り、人々が見て驚き騒ぐと、興に乗じて再三同じ大飛躍を繰り返した。そのとき当人は眼が吊り上がって凄い顔面を呈し、全然無意識である。後で正気づいてから訊ねてみると、すべてを夢心地にウロ覚えがするばかりだと言っていた。

二　父親と組打ちをした四歳児

帝都淀橋区代々幡《よよはた》に、鳥取県出身の実業家中村と云う人がある。或る日、四歳になる次男坊を写真に撮ったところ、身辺から後光のようなものが立っているところが写ったので、奇妙な現象だとて不審をされた。

その翌々日の夜に、右の幼児が、歯が痛むとかいっていきり出し、刻々と発作的な兇暴状態が加わるので、親たちは、その幼児の頭に冷水をブッかけてみたけれども治らず、ついに抱いている母親を強力で押し除《の》けて廊下の方へ駈け出すさまの尋常ごとでは無いのだ。そこで父親が起《た》って抱き留めかけると、幼児の若楓のような細い手の先に稀代の怪力があって、父親を散々に突き立てまくり立てて傍《そば》へ寄せ付けぬ。

父親は大いに驚きながら、金剛力を出して幼児と取っ組み合いを始め、しばらくは互角の争いで、戸障子が折れたり外れたりするほどの騒ぎの末、ようやくのことに幼児は抱き止められて、寝床に引き込まれしっかりと抱きすくめられて自然に鎮まったが、それでも折り折りはエーッと声してその繊細な肱《ひじ》を張り、抱きすくめている親の腕をコジ開けようとする力は非常に強いものであった。

その幼児は翌日は何の異状もなく平常の態に復して、機嫌よく遊んでいたのに、夜分にコロリと頓死をしてしまった。

三　三人力を出した病少女

大正の中年に、長野県小県《ちいさがた》郡青木村の農家の◇◇方の十三歳になる次女が奇病に臥《が》し、二三十日も碌々飲食をせずして痩せ細り、毎日妙なことを口走るさまは、憑《つ》き物に相違はないとのことで三峰山の修験者である兵藤某が招聘されて憑き物を退散させることを試みられた。

病女は行者の待っている座敷へ連れ行こうとされると、あんな狼を背負っている人間の傍《そば》へは行かぬと言い出して、病床から離れようとしない。最初から父兄らは病女にこの行者のことは何も告げてはいないのに、病女はかく言い当てたのだ。

ついに両親が左右から病女の手を取って、表座敷へ引き立て行こうとすると、骨と皮とになっているのにもかかわらず、怪力を出して踏ん張って、まるで大磐石の如くである。そして動《やや》もすると両親の体の方が引かれ負けをする。この両親は夫婦ながら普通に超えた壮健な人間で、女房とても五尺三寸余の大柄女で、四斗俵をラクラクと取り扱う力があったが、それら両人の力でこの病衰し切っている小娘一人が引き出されぬのであった。ついに病女の姉で十六歳になる大娘が、後ろから懸け声で病妹の腰を押し、両親は左右の手を引っ張り、三人掛かりでようやくのことに行者の面前に連れ出し得たのだ。

病女は兵藤某を見るなり「きさまの懐中に刃物があるから傍へ行かぬ」と言った。兵藤は、刃物なんか持っていないと言うと、ウソを言え現に持っているじゃないかと怒号した。そのとき兵藤が、ああ鉛筆削りのナイフがあるがそれかと問うたら、そのことよと喚《わめ》いた。そこで兵藤は懐中から皮財布を出して、その中にあるナイフを次の室《へや》へ投《ほう》り出したら、病女はようやくのことにそこへ坐った。

それから病女と兵藤との間に、いろいろと珍妙な問答が繰り返された揚げ句、病女は狐だと自白し、狐でも馬鹿にするなお針をしてみせると言って材料を調べさせ、二時間ばかりの間に、袷《あわせ》一枚と繻絆《じゅばん》二枚とを完全に仕上げたが、その時の彼女の運針の迅速さは目にも止まらぬほどで、しかも縫い方も裁《た》ちかたも老練な裁縫師のした如き出来栄えであった。元来この少女は、学校でもお針が非常に嫌いでかつ拙劣で、これまで一度も独力で単衣《ひとえ》一枚さえ縫い上げたためしが無いのであったから、一家の人々は大いに驚愕をしたのだ。

つぎに少女は牡丹餅を喰べると言い出して、それを拵《こしら》えさせ、普通の男子でも六七個以上を喰べかねる程な椀大のものを、十一個ペロペロと喰べてみせた。

その翌日に至って、病女は退散すると言い、土産《みやげ》にするからとて、油揚げや小豆飯を俵蓋《さんだわら》にのせて家の入口へ置かせ、ヒョロづいた足取りで室からヨロメキ出で、戸外にてバッタリ内俯《ぶ》しに倒れて暫時正体が無かったが、それからは精神状態も常に回《もど》り、健康も日一日と回復し、前記のような奇怪なことは跡を断った。

四　禅学者の怪現象

これは大正七年の夏の事実、静岡県清水市の老神職長沢雄楯氏を訪ねて、鎮魂をして貰いに行《ゆ》いた京都上嵯峨の素封家某（姓名はわざと省く）が俄然発狂状態を現出し、長沢翁を押し倒して咽喉を絞めた。そのとき翁の救いを求める声を聞いて、三四人の人々が駈けつけ、翁の上に馬乗りになっている発狂者を押し落としてから、これを取り鎮めんとしたところ、彼は大怪力を起こして抵抗をした。

五尺一寸内外の身長で、瘦せ肉にて至って弱々しい小男である発狂者は、自己の左右の手に一両人ずつ取りついているのを軽々と振り廻した。また或る一人は彼の背後から頸に抱きついたがその頸は平素は細乎《ほっそり》した頸であったのに、そのときは径五六寸もある鉄の柱にでも抱きついたように太らかに硬い感じがして、ただごとでは無かったと、その時の経験者の一人の実話であった。

この発狂的な乱暴騒ぎはその日限りで治まってしまったが、当人は自己の肉体が、そのころ或る禅魔（仏教家の亡霊）に占領されていると覚知していた。それに関して怪異なことがあった。

当人は、禅僧として有名であった故人南天棒《なんてんぼう》の四高弟の一人で、既往十五年間は禅修に没頭をしていたのだ。しかるに何かの動機から、禅は現代の活計《たずき》にほとんど無用のものである。爾今禅の修行は廃止をしようと決意をした。すると禅魔が現われて、妨害をやり出したものだ。

夜、寝に就こうとすると、無形の手指が出て来て、目をつつき鼻をせせりなどして睡《ねむ》らさぬ。また雪隠《せっちん》などではしばしば大入道姿を見せて驚かすような悪戯《いたずら》が絶えぬ。そこで仏魔を郤《しり》ぞけるために長沢氏に鎮魂してもらいに来たのだ。

或る日当人の右腕の上部に、一個の気瘤《きりゅう》的なものが突然と発生し、コトンコトンの音を伴うて手先の方へ進み行き、ついには人差指の腹を縦に五六分ほど裂いて、そこから鰻の肝のようなものをダラリと脂下《やにさが》りに出して畳の上へ落としたが、やがての程に消失した。指の腹の裂傷も後日に癒着したけれども、痕は明らかに遺されていた。指を破って出たものは、この人の体に宿憑《しゅくひょう》していた禅魔の魂であると解せられる。

指頭《ゆびさき》から出た怪物

昔からの伝説に、狐狸その他の邪霊が人に憑《つ》いたり脱退をするのには、手足の指の爪先からすると云うが、現代人にはかかるたわごとは通じない。しかし、左の如き怪事が明治三十五六年のころに大阪市にてみられた。このことは前項の禅魔が指先から脱出した事実を有力に裏書きするものである。

由来大阪には、豆狸なるものがおって、人に憑いてさまざまの醜状を演出させると信ぜられていた。或るとき同市東区谷町六丁目の某方にて、豆狸が憑いて困らされる人間が発生した。そして霊能力ある神道家のD君が、豆狸駆攘のために招かれて行《ゆ》いた。左はD君の偽らざる直話である。

臥《ね》ている病人の室《へや》に通ってみると、書棚や机の隙間から、鼠などのように三四匹の豆狸が出没しているのが私の眼に見えたが、この家の人には少しも見えないそうだ。私は病人に対して鎮魂を施してから、豆狸を大いに叱り飛ばして、出てゆかねば神罰をかけると告げたら、出ると言い出した。

やがて病人の右の腕の上部に小饅頭ほどな瘤《こぶ》が発生して、二ノ腕の方へと前進する。そこで霊念法で追い出すと、下降して拇指《おやゆび》に出て来たが、出どころが違うと知ったらしく、少しく逆進してさらに第二の指の方に移りゆき、ついにその先端から、灰色をした水飴態のものが、五六分ほどの長さでダラリと垂下し、しばらくすると畳の上に落ちて、迅速にクルクルと数回旋回してから、ジーッとその場に饅頭形を作って静止している。

妙な奴だと見守っていると、ちょうど午後一時前の炎日の暑さの真最中であった、一人の白服の巡査が、五丁目の方からこの家の前へ巡廻して来るのが見えたが、その巡査が店の真前に歩み来た瞬間に、それまで静止していたかの小饅頭式の怪物がスーッと飛び出して行《ゆ》いて巡査の胸のあたりへ飛び付いた。すると巡査は俄然洋剣を抜き放ちて頭上にこれを水車の如くに振り回しながら、七丁目の方へ駈け出した姿は発狂同然のもので、何十人の人間がワイワイ云ってその後から走り行いたが、末はどうなったか知らぬが、実に奇怪であった云々。

（附言。現代の病理学では、発狂を脳髄の生理的故障だと解いているが、心霊科学家は、発狂中には、憑霊によって惹起されるものが少くないと断定している。憑霊に原因する怪力沙汰中、古来最も人を驚かしたのは、天狗が乗り移ったと解せられるときの怪力現象に好箇の一例が駿府記の慶長十九年の条にあるから序《つい》でに誌《しる》す。

五月二十二日に比叡山の高僧連中が駿府に前将軍徳川家康を訪問した際の申告に、近いころのこと、比叡山の八王子三宮に珍事があった。山の学林の奴僕《ぬぼく》の二郎と云う男を天狗が浚《さら》って行って十日許《ばか》り消息が知れなかったが、一日帰山して云うには、当山の二郎坊天狗の使者にされて各国の山々を歴《めぐ》って帰った云々。人々は半ば驚き半ば疑っていたが、その後のこと、二郎は三宮神社の棟《むね》の端に地下から飛び上がって逆立ちをした後、同社の門扉の、普通人の二十余人にて持ち運びするのを外ずし取り、一町ばかり先へ空中へ翻《ひら》めかして投げ飛ばしたが、不思議にもその扉は少しも破損せず、またそのころ空中から夥《おびただ》しき礫《つぶて》が学校の庭の付近へ飛来して小山の如く堆積した云々。）

蛇の妖

蛇の妖異の伝説は古来無数にあるが中に、奇怪極まることは、人の妄念が蛇に化して関係者を悩まし、或いは自己の妄執上の苦煩を告げて、人の救済を求めると云うが如き事実である。

一　人の首に絡《まと》わる

明治四十年ごろのことである。甲州の身延山へ籠もりに来た三十歳余りの一人の婦人があった。顔色蒼ざめて、その眉目の間には無限の憂鬱の色を湛《たた》えた筋肉のたるみの皺が現われており、湯水は飲んでも、固形物は少しも食べず。そして頸には、寒中でもないのに、何日見ても、綿でも入れたような細い長い木綿袋のようなものをグルグルと三捲《ま》きばかり捲いている。この頸捲き様のものは、一疋の蛇を包んだ袋であったのだ。

事の詳細は他人には知られなかったが、この婦人の頸部へ蛇が来て搦《から》みついて離れぬのだ。最初はいろいろとして取り離したが、睡《ねむ》ったときや油断をしているときに、やって来て搦みつかれるので、何度も殺したが、殺すとまた一ツの蛇が来て捲き付くのだから因果とあきらめ、罪障ある体として、各国の名ある霊仏を拝みに廻っているものだと知られた。

この蛇は、単に婦人の頸に捲きついているだけではなく、当人が食事をしようとすると、強く締めつけて、口中の食物をどうしても呑み下させないのだ。しかし絶対に飲食物を杜絶させると当人が死ぬる訳だから、死なないように折り折りは半流動物体の食物の少量を摂取させることがある。あたかもなるべくこの婦人を永く苦しめる目的であるかの如くに想像されていた。この婦人のことは、身延山で実見した矢部大等氏の直話であるが、その婦人は、毎日熱心に滝に打たれて祈念を凝《こ》らすこと二週間ばかりの後に、頸から蛇が解けて逃げ去り、爾来またこの怪事が無くなったので、当人は蘇生の思いをなして帰国の途に就《つ》いた。

矢部氏が実見したのは、青大将であって、その頭部を折り折り袋の末端からのぞかしていたそうだが、婦人は懺悔心のために、蛇の頸捲きを強いて人前に隠蔽しようとはせずにいた。ただし平素は、蛇の頭部のところは襟の内へ突ッこんでおく習慣であった。

矢部氏の談に、身延山へは、何年目かに一度の割合で、蛇に首を捲かれた人間が参詣に来ると云うことで、世の中に案外この怪事実が少くないらしい云々。

(附言。明治の中ごろ静岡県の一青年の、首を蛇に捲きつかれているのが、高野山へ上って祈念参籠をしたことが、東京の或る雑誌に詳記されたことがあった。蛇に首を捲かれて難儀をしたものの伝説は昔から少からぬことである。)

二　床下の甕《かめ》を守る蛇

明治三十九年のこと、東京の吉原で、河内屋という資産家の女郎屋の主人が病死をしたが、遺言によって、盛大な葬式が施行され、その時代の金でも一万円に及ぶほどの費用であった。

その後、間もなく河内屋の相続娘が病気に罹《かか》ったが、普通の病気では無さそうであるから、浅草の幸龍寺という修験道の僧を請じて病女を加持させると、病女にその亡父の霊が憑《うつ》って、左の意味を口切った。

娘の病気は自分がさせたのであるが、それは自分のことを知らす手段であった。自分は生前に悪いことをしているものであるが、死んだときに大金をかけて葬式をしたから、悪事を累《かさ》ねた道理で、死後になって罪障のために苦しんでいる。そのために自分は蛇になっている。自分の罪障消滅のために今後は家業の方針を変え、また善事をなすように心掛けてもらいたい。自分の唯今の姿を見んとならば、仏壇の下の床下に埋めてある甕《かめ》の蓋の上を見るがよい云々。

右の言葉によって、河内屋の仏壇の下を剝いでみると、果たして一個の甕がいけ込んであったが、その蓋の上に、一疋の蛇がとぐろを捲いていて、人々を見ても動かなかった。この甕は金銀を蔵《おさ》めたのであるらしかった。

同家の未亡人は大いに驚き、別に僧を招いて盛大な法要を営み、慈善をしたりなんかして、死者の冥福を祈ったが、娘の病気もやがて癒《なお》った。

三　仏像の首に絡みつく

大正十三年八月、陰暦の七月十四日に当たる盂蘭盆《うらぼん》の日に、三重県南牟婁《むろ》郡九鬼村の真言宗崇巌寺の位牌堂にて、寺の開基人たる崇巌和尚の木像の頸に、一疋の蛇が絡みついているのが発見された。盆のこととて村民の寺詣りする者が大勢たかって竹木類で、その蛇をつついたり打ったたりしたけれども、蛇はビクともしないで固く木像の首に搦みついていて離れぬ。

ここにおいて尋常事ではないと騒動に及び、檀徒の一人宮崎某は、東京の四谷にあった敬神機関の本道宣布会の会主九鬼盛隆氏に電報を以てこの怪事を告げ、神迎えをして事の真相を聴いてくれよと依頼した。

寺の開基の崇巌和尚は今より二百八十年前の人で、九鬼大隅守嘉隆の孫であるが、武門を出て僧侶となったほどの崇仏者であった。ちょうど右の蛇事件の約二ケ月ばかり前に、九鬼家一派の末たる前記の盛隆氏が、祖先来の仏霊を神道に祀り変えるために東京から帰省して、神式を以て祖霊者に祀り込んだのであるが、その際、崇巌和尚の霊を遠慮して、除外しこれは元のまま仏門の霊たらしめておいたのである。

さて東京の九鬼氏は、電報を受けて直ちに神筵を開き、例によって奇魂神《くしたま》を迎えると、意外にも崇巌和尚の霊が台人に憑《のりうつ》って来て言うことには、先般、九鬼家の霊はことごとく神道に祀り変えられて、我れ一人取り残されたが、爾来一家の霊とは会合出来なくなり、仏界からは疎外されがちにてまことに困惑し、その苦しき思いは寸時も胸を離れず、あたかも蛇に首を捲き締められるのに異らぬ。この我が苦悶を人に知らすために、我が木像に蛇を取りつかせたのである。早く自分を神道に救い取ってもらいたいのだ、何卒《なにとぞ》頼む云々。

九鬼氏は霊の依頼を承諾し、直ちにこのことを九鬼村に通告したが、ちょうどその日に木像の蛇はどこかへ逃げ去った。崇巌和尚もまた神式を以て祖霊社へ祀り込まれ、その後何の怪事もないと云う。

四　簑《みの》の紐に喰い付く

愛知県北設楽《したら》郡山吉田村の豊田某なる農夫が、秋の半ばころ、野良仕事をしていると、烏蛇《くろへび》が出て来た。この地方の伝説に、烏蛇に馬の沓《くつ》を投げると怒るということを想起し、試みに実行してみると、果たして忿怒して、鎌首を立てて迫って来たから農夫は鍬《くわ》の先で打つと、コロリと蛇の頭部がどこかへ飛んでしまって、行衛《ゆくえ》が判らない。烏蛇の頭部を見失うと、その人に祟るという伝説を想い出し、いい気持がしないので、仕事を中止して家へ帰った。そして翌年の五月ごろ、その事はトント忘れてしまって、雨降りの日に、前年の野良仕事の場所へ行《ゆ》いて鍬使いをしていると、どこからともなく幽《かす》かな唸《うな》り音がして、小石のようなものが咽喉下《のどもと》へ飛んで来て衝突《ぶつ》かった。簑《みの》を脱いで検《あらた》めると、一ツの蛇の頸が、簑の紐に喰い付いていたという事実がある。

五　小蛇の昇天

これも愛知県での事実。八名《やな》郡下山村字下条の農夫某が、或る夏の日に綿畑へ行《ゆ》いていると、小さい山カガシが一疋出て来て、空に向かって頭を伸び上げているさまのただならぬので、奇妙に思い、仕事を止めて視ていると、蛇はその尾をブルブルッと顫《ふる》わせたと思う間に、スルスルと空中へ昇って行く。驚いて近辺に野良仕事をする人々を呼び集めて共々に眺めている内に、蛇は次第に高空に上昇してついには見えなくなったが、当日は極めて好晴の日であったという。

右の農夫は平常からウソを言わぬ律義者として知られた人間であるが、よっぽど不思議なことと感じたらしく、各人にこの話をして、蛇の昇天説は古人の迷信談ではないと弁じていた。

六　燕の巣に付いた一念

明治の中葉に、京都府丹波国、南桑田郡穴太《あのう》村の古刹金剛寺の鐘楼にて実現した珍事である。吊鐘の龍頭へ燕が巣をかけて何羽かの雛《ひな》を育てていたのを、一疋の縞蛇が目をつけて、三日許《ばか》り毎日のように下から執念深く見上げていたのを、所の青年が憎ましく思って、その蛇を叩き殺し三十間ばかり彼方の竹藪の中へ投げ棄てた。

しかるに五七日を経たころ、何十万とも数知れぬ赤蟻が、鐘楼の下の方から、柱を伝わって上り天井板を経て吊鐘の龍頭の所へ下り、かの燕の巣に達して雛の体に付いたため、雛は苦しがって巣の中から下へ転《まろ》び落ちて半死半生になっている。これを見付けた人々が騒いで、蟻の出所を吟味すると、かの竹藪の中で腐っている蛇の死体が蟻に化生《けしょう》しているのが発見された。蛇の執念には村の人々も驚いた。

（類似の事実が三河国にもあると云うた人がある。）

七　少年を跛にする

愛知県八名郡の宇利村の某農家の鶏舎へ、蛇が襲来して、よく卵を呑むのであった。その家の息子がこれを憎んで、卵の空殻に砂を詰めて鶏舎の中に置いた。例によって蛇が来て呑んでしまったが、程経てその蛇が、背戸口に来て砂を吐き出して置いて行った。息子が何心なくその砂を素足で踏んで出たところ、その日から足の裏が痛み出し、種々と治療をしたが、ついに跛蹇《びっこ》になった。

八　大蛇が小蛇に化ける

大なる蛇が、小蛇の体を装おうて人眼をゴマカした事実は古来無数にあるが、その現代的な事実の一つを書こう。

大正八年ごろ、和歌山県人の大本教信者某君（その姓名を忘却した）の談に、その人の息子が自宅の花園の草を刈るとき、誤って黄色の小蛇の尾を三四寸ばかり鍬で切断をした。それから高熱を発して臥《ね》たのであるが、病状が怪しいので、神前で鎮魂をすると大蛇の尾を切ったため、その蛇がたたるのだと云うことが霊眼に映じた。

そこで某は祈禱をして息子の邪気を攘《はら》い、またその蛇に陳謝をしたので息子の熱病が癒《なお》った。その後何日かを経過し、某は自邸の納屋の梁《はり》の上に七八尺ばかりの黄色の蛇で、尾が七八寸ほど切れて無いのが横たわっているのを瞥見した。その蛇が、花園に小蛇に化けて出ていたのであったと知られたと云うことであった。

（島根県の農夫が、山草刈りに行き、休憩して吸煙中に二尺許《ばか》りの小蛇が出て来て、右足の指を拇指《おやゆび》から始めて一本一本順次に三本まで呑み、次に第四指を呑まんとするとき、妖蛇だと知り、煙草の煙脂《やに》をその蛇の口に塗ったら、蛇は呑んでいる指を吐き出して慌てて逃げ出したが、数十日後、農夫は再び草刈りに来てみると、傍《そば》の渓川《たにがわ》に一丈余の蛇の死骨が横たわっているのを見て、さてはかの蛇が煙脂で死んで正体を出したのであると知ったと云う事実がある。)

(詳細は別著『動物界霊異誌』にある。)

子供と遊ぶ地蔵仏

福島県岩代国に一ノ関地蔵として、昔から霊験があるので知られている地蔵を祀ったお堂がある。場所は会津若松を距《へだ》たる三里許《ばか》りの一ノ関で、村の道路ばたに、木造の間口六間ばかりの堂舎に、六体の石像地蔵が列《なら》んでおり、堂の扉は一枚も閉めずに昼夜開け放しである。日露戦争の折りなどは、出征兵士の生命があるようにとて祈りの参詣者が遠近《おちこち》からやって来てお賽銭などもかなり多くあがった。

地蔵堂が開けっぱなしであるために、常には村の児童の遊び場となっていて、埒もない混乱な光景が見られる。しかもお賽銭はあがり次第に子供に偸《ぬす》まれて、買い食いの費用になるばかりであるので、所の者が協議をして、夕景近くになると地蔵堂の戸を閉めてしまい、子供その外、無用者を近づけないことにして取り締まりを行った。

そうこうする内に、村に突然怪しき熱病が流行して、死者は出でぬけれど、誰も彼もと煩《わずら》い出した。警察や役場はいろいろと騒いだが、医師の力では何の効《き》きめもない。そして奇妙なことには、家続きになっていても、村が異《ちが》うと、一人もその病気にかからぬことが諸人の注意を惹いた。

かくなると文明の科学は権威のないこと夥《おびただ》しい、何か神仏の罰だろうと云う意見が所の人々の大部分を征服してしまった。そこで取り敢えず一ノ関地蔵の世話人を煩わして、某巫婆に拝ませると、地蔵のお告げなるものが得られた。そのお告げに、地蔵は毎日子供と一緒に遊んでいて悦《よろこ》んでいたのに、村の者が無用の理窟立てをして、子供を遠ざけたのは不快なことだ。地蔵は金銭は要らぬ身、賽銭が子供に偸《ぬす》まれたとて何の腹も立たぬ、子供が菓子を食べて喜ぶのを見るのが何ほど嬉しいのか知れぬ。この道理を知らぬ村人を悟らせるために、この地蔵が病気を流行させたのだ。病気が嫌なら、元の通り子供を遊ばせよ云々。

地蔵の意外な告げに驚いたのは村民だ。早速地蔵堂を開放して、子供の遊び場に返すと、諸人の病気がバタバタと皆癒《なお》った。

和霊信者に発した奇霊

一　煙草商人の奇蹟

鳥取県米子市内町に、大正の初年ごろ、伊予宇和島の和霊神を熱心に信仰する森山丈右衛門という六十恰好の人間があって、そのころ同米子在の春日村に伊予から和霊神の分霊を勧請して来た分教会ようのものがあり、どんな寒暑風雨の日でも、それへ日々の礼拝参詣を欠かしたことが無かった。この人間は、入信前の壮年のころ、某に対して不仁の行為があって某を窮死せしめたが、その怨霊のために発生させられたと称せられる癩病を病み、年来これに悩まされていたのだ。或る夜の夢に、和霊神が汝の難病を癒《なお》してやると告げたとみたが、それからは日一日と病症が軽快になり二ケ月後には痕跡もなく全治した。

或る日丈右衛門は、某煙草商に傭われ煙草を無印紙の包みに分包して近郷を行商したとき、犯則として傭い主もろとも税吏に検挙され、処罰は免れ難い事件であった。そのとき丈右衛門夫婦は懸命に和霊を拝んで無事を祈ったが、その効験か処罰を科せられずに済んだ。

また鶏卵の仲買いに出でた日、籠に多くの卵を入れて、日野川の高堤防を歩いて帰るとき、突風の襲うところとなり、堤防の下方二丈余の所へ真逆さまに吹き落された。落ちた所には数百本の材木が積んであって、その狭い間隙の中へ堕ち込み、籠の中の卵は全部破砕をしたけれど、丈右衛門の体には少々の打撲を受けたばかりで無事であったから、これもお蔭で助かったものと想ってますます信仰を深くした。

また或る夜更けて寝ていると、俄《にわ》かに多人数の混雑する物声が家の外でするので何事かと怪しみ戸を開けてみると、猫の子一疋も居ないから、変に思って内へ引き込みかけると、何かは知らず背を強く押すので再び戸外へ躍り出た。するとそのまま内海ばたの誠道寺灘《なだ》へ押し遣られてしまった。この灘は昔から有名な投身場である。彼はほとんど無意識的に、自分でザンブと深い海水を見かけて石垣の下へ投身した。死神の業《わざ》らしい。

しかるにその付近に、出雲の西浦から来て碇泊していた和船の者が、投身した者の水音を聞いたので、船の篷《とま》の菰垂《こもだれ》から頭を出して海面を見ると、薄月の影の下に、瓢《ひょうたん》のようなものが、ポカリポカリと浮いて流れるから、船を寄せて引き揚げてみると、薬罐天窓《やかんあたま》の丈右衛門であった。丈右衛門は水泳ぎの些《いささか》も出来ぬ男であった。

その時分、彼の家の老妻が、フト目を覚ましてみると、傍《かたわ》らの寝床が藻抜けの殻であるから異変があると察し、家の和霊の神棚に灯明を点《つ》け御籤《おみくじ》を引くと、生命に別状はないと出た。少し心を落ち付けて考えていると、救った船頭が丈右衛門を送り届けて来た。

よく聴いてみると、投身した迄は殆んど夢中であって、体が深みへ出てから正気づいたものの、泳ぎは出来ず、もう助からぬとあきらめると、不思議や、頭に糸でもつけて上へ吊りかけられる様な感じがして、五体が垂直に立ったなり鼻から上は水に沈まずにいるところを助けられたとのことであった。

二　古物商の奇蹟

これは個所が別である。松江市雑賀《さいか》本町に川崎新一郎という古道具屋の和霊信者がいた。夫婦共に信仰家であったが、或る夏の夕方午睡《ひるね》をしていると次室に祀ってある和霊のお宮の扉が、ギギーと高い軋《きし》り音を発して、外方へ約一寸余り押し開けた。この扉は平素から非常に窮窟で、ちょっとした力ではなかなか開かれないものであった。夫婦のものはこの音に驚き目を覚まして、後方を振り返ると、ちょうど裏の路次口に濛々たる黒煙が立ちこもっているのだ。

駆け出てみると裏に隣接した近所の家が不在中に失火をしていたのだ。かくて山崎夫婦が失火を叫び、人々が消防に集まり、火元は全焼したれど、山崎方は、壁を焦がしただけで無事であった。

またこの山崎の主人は痼疾の脳病で、年来困っていたが、或る夜夫婦同時に、和霊から脳病を癒してやるからと告げられた夢を見た。それから日々に良好となりついに脳は健康に復した。

闇夜の赤火輪

明治二十年十一月の或る夜更けて、島根県安濃《あの》郡大田《おおだ》字新市の鍛冶職美濃佐七が、同町の粕戸の友達の宅から帰るとて、大田川の板橋を渡って北岸の堤防に上り、それより稲田の中の道路を経て自分の住家へ向かうのであった。ここらは、今日では県道がついて、人家も建ち並び、料理屋なども出来て、至って陽気な場所になっているけれど、以前には、農家の肥料堆《たい》が、小塔のように列《なら》んでいて、すこぶる淋しい場所であった。

その夜は闇黒《あんこく》な空であったが、佐七の前方約四五十間ばかりの地上二三尺のところに、突然火の色をした一個の車輪が、クルクル回転しながら、北方なる大田薬師の方へ、田の中の畦路《あぜみち》を進み行くのが見える。佐七は非常に怪しく思い、立ち止まって眺めていると、火の車輪はズンズンと前進して、薬師堂の前面近く行《ゆ》いたと見られるころバッタリと消えてしまった（堤防から薬師まで約五町の距離がある）。するとこんどは、小さい火光が一個パッと闇の中に見えて直《す》ぐに消え失せた。同じことが三度つづいた。佐七は始終の容子を眺めながら、立ちすくみになって考えこんでいると、やがての程にまたも火の車輪が現われて、薬師の方から、元来た畦路をこちらへと回転して来る。

驚いた佐七は傍《かたわ》らなる堆肥の蔭へ身を潜め、息を殺して窺っていると、火の車輪はいつしか見えなくなって、代わりに人間の輪郭が淡《うす》ボンヤリした光明に包まれながら、傍《そば》へ近づいて来た。極《ご》く間近になると、光明は無くなり、尋常の婦人の姿である。佐七は勇を鼓して何者だと呶鳴《どな》りながら堆肥の蔭から飛び出して、女の前に立ち塞がった。

その婦人は、吃驚《びっくり》しざまに地上にベタリと坐り、そして拝伏をして、「どうぞお見逃し下さい頼みます」とて哀願するのであるから、それに接近し、闇の空に透かして見ると、同町内の△△屋なる素封家の内儀である。佐七は驚きを新たにして、一体あなたはどうした事かとわけを糺《ただ》すと、かの婦《おんな》は左の懺悔をなした末、後生だから自分の行為を他言しないようにと懇願をした。

かの婦は、怨恨あって、薬師の横の某農家へ放火に行き、裏手の納屋に火をつけかけると、一個の入道姿が薬師堂の庭から現われて来るので、周章《あわて》て火を吹き消したが、その入道姿が引き込んだので、またも火をつけかけると再び入道が現われた。こうして三度駄目をさせられたので、今夜は邪魔があって駄目であると断念し、帰り来る路すがら、今見た入道姿は多分薬師さまであろう、薬師さまが自分の放火をお支えになるのであったと気がつくなり、ああ悪い念を抱いておったものだと吾れと吾が心を鞭《むちう》って後悔をしながら歩んで来たところであった云々。

佐七は内儀の懺悔を聞いて感心し、自分が最初からここで眺めたことを一々告げると、内儀はその火の車輪と見えたのは、その折りの自分の瞋恚《いかり》の焰のありさまが、まさしく火の車同然のものであったに相違はない。また、光明がさして見えたのは、自分の善念の光りである。ああ尊い薬師さまのお救いだと、その場に感泣して薬師を遥拝したのであった。この後、この婦人は無二の信仰家となったと云うが、佐七は義固《ぎがた》い人間で死ぬるまで、この婦人の誰たるかに就いては、他言しなかった。

（昔から、放火者の心念は火の車だと云う俚語があるが、それは実地の現象から生じたものでもあろう。右の佐七は、律直な人間で、虚言を吐かぬ人物であったことをここに付記して、本項の事実虚妄でないことを保証する。）

神木の怪異

福島市の南一里ばかりにある平野村の大字稗原に、大荒神社というのがあって三方荒神を祀っている。その境内に杉の古木があるが、昭和二年二月十一日の紀元節日の午前十時ごろ、バチッと大きなる響きがして幹に裂傷が入った。その裂け目は根元から縦に約三間ばかり、幅は二寸弱のものであった。この現場に村民が駆け集まって騒いだのに訳がある。

五年前の十二月の某日にも、この杉木に高い爆声が起こって、このたびほどにもないが目立つほどに裂傷が発した。それから七日目に部落内に失火があり、災後三週日目に杉の裂傷が自然に癒着をした事実があるので、また何か部落内の異変の前兆であろうかとの危惧心で騒いだのである。かくて部落民協議の結果、付近の医王山や成田不動の出張所、及び湯野村の法華寺並びに笹谷の某修験女などへ手分けをして、うかがいを立てに行くと、答えはいずれも符節を合わせた如くで、部内在住の某青年の二十六歳になるのが、かつて神に誓って禁断をしていた牛肉を密かに喫したから、七日以内に火災発生し、四七日にして裂傷癒着すると云うのであった。

そこで部落民は互いに警《いまし》め合って火の元の用慎《ようじん》をなし油断なく注意をしていたところ、託宣に違わず七日目の宵過ぎに、多勢某宅の炬燵《こたつ》から出火した。スワ火事だと叫んで部落人総出で消防につとめたので全焼の厄《やく》は免れた。そして杉の裂傷は、火事から三週間後に美事に癒着をした。

仏師の頭の怪痣

身延山内の日進寺は、約四十年前に焼失し、爾来仮建てになっておって、再建が出来かね、また火災に罹《あ》った祖師日蓮の木像の換わりも、とかくと出来かねて信徒は多年気にしている。その上今の老住職も近年強度の神経痛を病み、足腰の自由が叶わぬので、年中温泉場へ出養生をせねばならず、寺の財政も甚だ不良であった。しかるところ、信徒中の有志の尽力で、昭和二年に至り、東京の仏師矢部大等氏が、日蓮の木像を刻んで、同寺に据えることになり、出来上がった木像は、氏の手で丁寧に荷造りされて発送された。

大等氏は若いときから、熱心な身延山信仰者で、各地の霊場で修業をし、霊験には有名人であるが、右の日蓮の木像を荷造りをするとき、この木像の両腕は破損すると云う予感が突発をした。多年の仏教感化で因縁的なことに悟入の氏であるから、今さらどうしようとするのでも無く、これを発送に付した。木像は身延に到着して箱から取り出してみると、果たして腕が折れており、包装には何の異情もないから、寺では、合点の行かぬ怪事だとみて、このことを氏に通告した。氏も不思議なことだと思いながら、直《す》ぐに身延山へ木像の修理に行き、うまく目的を果たして帰京をすると、またも身延から通知が来て、こんどは木像の前額部から、木脂《やに》が汗の如くに流れ出るのだが何んとかなるまいかと言う。

氏は早速また登山をなし、木像の頭部へ焼き鏝《ごて》を当て木脂止めをしたが、その翌朝に気がついたのは、自分の前頭部の右端に、赤みを帯びた二寸ばかりの痣《あざ》がいつの間にか発生していたことだ。その痣はかの木像の前頭部へ当てた鏝の形で、場所まで同じいから、こいつはやられたのだと氏は感じた。痣は月日を経るうちに次第次第に淡くなり二年目には消失したが、仏罰であったか、自然の感応であったか、そのことは不明だ。

その後、氏は登山して日進寺に泊っていると、或る日の朝、見知らぬ一人の老媼《ろうば》が、卒塔婆を提《さ》げて寺へたずねて来て、東京から矢部さんという人が来ておられるかと言うから、氏は立ち出で自分は矢部であるが何御用かと問うと、自分の亭主は、当寺の先の住職と格別に交際した人間であるが、昨夜の夢に先住職（故人）が現われて、このたび東京から仏師の矢部と云う名人が来ている、この仁の丹精によって祖師の木像が出来たに就《つ》いては、自分も他界でまことに喜んでいる次第であるが、来る何日は自分の命日である。それに使用される卒塔婆を矢部氏に書いてもらってくれると大へんに満足すると言われ、自分達夫婦が同じ夢を見たので雑夢ではないと思い、お訪ねしたのだと告げた。

それから一両日後に、日進寺で台所働きをしている傭い婆に突然と尼の死霊が憑《のりうつ》って来て、現住職の隠れた不道徳行為を素っ破ぬき、大悪坊主だと怒罵を加え、この寺が四十年も貧乏しているのも、現住職が病疾で悩むのも、皆現住職に迫害された吾らの怨念のせいである。前住職は隠居して老病で世を去ったと云うことになっているけれど、実は現住職が押し籠め同様に取り扱い、碌に物をも食べさせないで、餓死をさせたのだ。この自分も元々少からぬ黄白《かね》を懐《ふとこ》ろにして当山へ修業に登って来たものであったが、現住職にだまされて黄白を残りなく捲き上げられ、少し齢が寄ったら、刎《は》ねつけて寺から追い出し、隠居所へブチ込み、朝夕のあてがいもしかねて、先住職同様干死をさせた。その恨みはなかなか去らない。しかしこのたび祖師の木像も四十年振りで再興した悦びに免じて、現住職の痼疾だけは癒《なお》してやることにしたが、帰山してからやっぱりあの通りの売僧《まいす》を悛《あらた》めないなら、この寺はいよいよ断滅させる覚悟だ云々と述懐をした。

それから間もないこと、温泉場へ出養生をしていた現住職は、どうも近日体の加減がとみに軽快になったとて帰来した。

その後日、前記の傭い婆に俄然として憑霊したのは、身延山の鎮守なる妙豊二神であって、大等氏に対し、氏の心機一転を促進した戒告を与えた。その要旨は、爾今の我が国は、古神道に拠って維持開発が出来、仏法はいよいよ滅尽の時期が迫った。爾早《なんじ》く神道に帰依すべしというのであった。日蓮凝《こ》りの矢部氏にこの霊告は実に晴天の霹靂であった。それも他人や無関係の神社系の霊の告げなら動く氏ではないけれど、日蓮と同様多年その威徳に畏服を払うていた山の守護神の霊告であるから、氏は実に駭然たらざるを得ぬ訳であった。

氏は茫然の態で帰京して、いろいろと考えたが、どうも正しい霊告を受けたものであると断知巳の某神道信者の紹介で、惟神本道教団の信者となり、古神道に身を投じた。

或る日同団で神筵を開いてもらい、妙豊二神を降招し今後の心得を伺うと、妙法二神は、まず自分の素情を語り、奈良朝時代の禁裏に仕えた武人であったと告げ、日本及び世界の思潮の未来を予告し、身延山の運命をも併せ告げ、その他種々の霊訓を与えたから、矢部氏はここに全く神道人として斯道に尽くす熱誠家に変じてしまった。

（附言。矢部氏は、既往三十年間諸所の霊場で修行をした折りに実験体得をした怪異事件は甚だ多い。その二三をここに序《つい》でとして左に誌るす。）

宿屋の怪光物

氏は十九歳のとき、同行三人で身延山詣りをして、山の手前の大野村にて日暮れ、池田屋という宿屋に投宿した。寝室は二階であったが、深夜に階下の廊下の末端にある雪隠《せっちん》の方面から、人の来る足音が響いて来るのに目を覚ました。泥棒ではないかとて三人は起きて坐っていた。足音はやがて二階への階段を上がって来たが、それが、二階の廊下へ上がったと同時に、青光りのものが、廊下に沿うた幾多の客室の障子に凄く映った。

最初の上がり口の客室の障子が、スーと音して開いたように聞こえるとたちまちその室《へや》の人が、胸苦しげに唸《うめ》きだした。ハテ異様なことと聴き耳を立てていると、今度はその隣りの室の障子がスーと開いた。そして同時にその室に寝ている二人ばかりの旅客が、等しく唸き出した。こんどは氏らの室の番だと覚悟をしていると、またも室の障子がスーと音して開いたようである。

その頃は電灯などはなく洋灯《ランプ》時代であって、田舎宿屋は一般に消灯をして就寝する習慣であるから、二階の各室はことごとく灯火なく皆真闇黒《まっくらやみ》であるが、それでも障子は多少白くて光明がある。氏ら三人は眸《ひとみ》を張って暗中に透かして見るのに、何物も室に入ったように見えずしかもまた障子も閉まっている、ただ淡光りの青いのが、室の上方を通過して隣りの第四室の方へ行《ゆ》いたのが眼に入った。

やがてその室の人もまたうめき出した。二階は第四室で終わっている。怪光が伴う怪足音は元へと逆進し、二階段を下って、廊下伝いに元の雪隠の方へ遠ざかり行き、その外に何の異状も無かった。この怪物の正体は今日に至ってなお解らずじまいになっている。翌朝になって宿屋で誰《だ》人《れ》かが騒ぎ出すことと想像されていたのに、夜が明けても誰も知らぬのか、極めて平穏であったと云う。

白龍権現の助力

高崎市羅漢町に日蓮信者の阿都啓介（変名）と云うがあり、邸内の古井戸に白蛇が年来住んでおり、多少の奇霊異があるので、同家ではこれを白龍権現と称号を献じて祀っていた。しかるところ家に負債が出来て、家屋を売却せねばならぬ場合に臨んだが、白龍を他人の手に渡すのは好ましからぬので困り抜いていた。

そのころのこと、矢部氏は或る日、阿都方を訪れ、同家の難儀を聞き気の毒に思い、どうかして自分の兄から一千円ほど金を融通させたいものだと思った。しかしこれを我が口から言い出しても兄は聴き容《い》れそうにも無い、これは兄の家に居る叔母の口を藉《か》りてそれに言わせるに限ると思った。そこで白龍に祈り自分が兄に言わんと欲することを叔母の口から発せしめよと乞うた。

その晩のこと、東京の根津の氏の令兄の家で、叔母が例の如くに仏前に坐して念仏を唱えていると、かつて前例もなく、合掌の手が大いに顫動《せんどう》を発し、それから腹のドン底から自分の意識にもないことが、怪しの音声《おんじよう》の許《もと》に語り出された。

最初は「白龍」だと名乗った。白龍とは？　と叔母の意思が質問すると「上州高崎の羅漢町、今日お前の甥の清二郎（大等氏の俗名）が来ている家の井戸の神だ」と応えた。何用であるかと訊ねると「清二郎が帰京するからそれからよく聴け、人助けだからどうぞ頼む」といって常態に回復した。一家の人々は妙なことが現われたものだと大いに不審していると、両三日後に大等氏が帰京して、阿都方の難儀の次第を告げて救助することを勧めたから令兄も、現に憑霊《ひようれい》の奇現象を見ていることとて、容易に承諾し、一千円の金を阿都方へ融通することになった。

温泉料理屋の怪病

東京上野の横の鶯谷駅の向こう側に、志保原温泉の看板をかけて鉱泉旅館兼業の料理屋がある。明治年代の中ごろに開業する間合いもなく失火全焼し、再建造をして始業をすると、或る日主人が高熱を病み出した。非常な熱度であって、霧吹きで体へ冷水を掛けねば、側へも寄れない熱で、当人は頭へ氷嚢を載せ通しにする。誰も病名を定めかねている内二三日後に主人はついに死亡をした。その後、志保原方へ滞在して遊んでいる客人が、片ッ端から高熱を病み出したが、客人には死亡するほどのことはなく二三日または四五日くらいの煩《わずら》いでケロリと癒《なお》るのであった。この客人が発熱をすると、志保原ではいつも近くの中根岸の氷店某方から冷し氷を求めて来るのが例になっていたのだ。あるときその氷屋の主人が、同じい熱病を病み出した。頭に氷袋を載せてウンウン苦しがっているクセに、床の前に張肱をして大将然として坐りながら大威張りに威張って人を叱りつけるかと思うと、大きい蛇が二疋身辺を取り捲いていて苦しめるのだなどと言う。一家はそのために騒動している。

このことを志保原の支配人が見て、自分かたの熱病よりも念が入っていると思い、これは何かの憑《つ》き物であろうとて、知己の矢部氏に報告し、氷屋へ行って検《しら》べてみてくれよと乞うた。大等氏は早速氷屋に行くと、主人は大威張りの最中であった。大等君は、主人に対《むか》って加持を施《ほどこ》して秘呪を誦《じゅ》すると、主人が大いに亢奮をなし、自分は蛇であると名乗って左のことを告げた。

自分らは古い雌雄の蛇で、上野の霊廟《みたまや》の庭に住むものであったが、或る日、山の下の草原に出て遊んでいると、玉忠に鎌で雌が殺され、自分は頭と胸とに怪我させせられたけれど逃れた。どうも残念でならないので、志保原の者に憑《つ》いて病気にさせても一向に悟らぬので妄執が霽《は》れかねたが、この氷屋の体は、憑《のりうつ》りやすい体であるから、かく憑ったのである。自分たち二疋の蛇を志保原の邸内に弁財天として祀ってくれるように希望する。祀ってくれるなら爾後は志保原を加護するつもりだ。去年玉忠を死なしたのも俺が取り殺した、志保原の養子の小供が、今ごろ根岸の杉山病院に入っているが、その子の病気も自分がしたのだ。また以上の火事も自分がさせたのだ云々。

玉忠と云うのは、死んだ志保原主人と懇志の紺屋であるが、この人間は、上野の後へ今の省線電車の布設される前に、志保原主人と一緒になって鶯谷の地所の一部の払い下げを受け、土地を切り拓いて共同で温泉料理館を始めることになったので、或る日二人が鎌鍬を提《さ》げて行き、地所の草を刈っているとき、六尺あまりの二疋の大きい蛇を見つけ、その一疋を殺したことがあったらしい噂が、人の耳に遺っていた。そこで大等氏は、志保原の末亡人嫗《ばあ》さんが他所《よそ》に隠居しているのを呼んで当時のことを訊ねると、いかにも玉忠が一疋殺して火で焼いてしまった。もう一疋は頭と胸のあたりに怪我をさしたが逃げのびたと云うことを聞いていたと云った。

早速大等氏は蛇の生霊に対って、左様なわけならば、志保原方でしかるべく祀ってやるということにすると誓うと、蛇は喜んで退散をした。それと同時に氷屋主人の熱病もとみに癒《い》えた。

かくて志保原の裏庭へ池を掘って、弁財天の小祠を建て、かの二疋の蛇を投福龍神とかの名で祀ると、入院中の小供の病気がすぐに癒って退院が出来た。

狐の怪

一　汽車を瞞《だま》して轢殺さる

昭和元年のこと。群馬県の沼田駅を未明に発車する上り一番の汽車が、沼田から約半里の下方の栂野《とがの》の鉄橋近くへ来ると、橋の上に一人の婦《おんな》が立っているので、非常汽笛を鳴らしたが、婦人は悠々と立っているから、汽車は慌てて制動機をかけて停車をした。その隙に婦人は横の方へ立ち去った。このことが同じ地点で両三日続いた。その婦人の何人《だれ》であるかは、空が闇《くら》くて判然しないけれど、多分気違い女が汽車の進行を止めるのを面白がってやることであろうと想像をされた。それにしても何度も度が累《かさな》ることだから、乗務員も沼田の駅長も怒ってしまった。こんど立ったらやっつけてしまえという決意をした。その翌朝に一番列車が、右の鉄橋を望んで驀進すると、果たしてまた婦人が橋上に立っている。こんどは非常汽笛は鳴らしたものの、走力を緩めずにそのまま進行したから、かの婦人は轢《ひ》かれてしまった。その屍体を検《しら》べると、人間ではなく、二股の尾を有《も》った非常な古狐であった。

この鉄橋から程近いところに東源寺という古刹があって、境内によく人を化《ばか》す古狐が栖《す》んでいるので有名であったが、その狐が轢殺されたのであった。事件後、現に東源寺の狐なるものがいなくなったと云うことを土地の人間はもっぱら口にしていた。

二　葬式を装うて魚を取る

大阪府北河内郡山田村の字出屋敷には、古狐が居って時々通行人をばかすのでかなり知られている。数年前、同地に遊んだ折り、小学校の先生から左の事実談を得た。

村の青年の為吉というのが、或る夜、枚方《ひらかた》町から鮮魚を買って、自転車の後部に括《くく》りつけて帰る途中、前記の出屋敷近くへ来ると、向かいの小山の中から、多くの提灯が続いて賑やかな葬式が出て来た。それが近づいてから、為吉は路の一方へ寄って避けると、行列もその方へ寄って来る。こんどは反対の側へさけると、同じくまたその方へ寄って来る奇怪さに、こいつは怪しい葬式だと思うと、この辺に悪い狐がいるはずだ、てっきりそいつのせいだと気がつき、エーッと叫んで、猛然、行列の真ン中目がけて乗り入れると、数人に舁《か》かれていた棺に衝突し、棺は音もなく左右に割れたように感じられたが、そのまま跡をも見ずに全速力で自家に帰着し自転車から下りて見ると、魚の尾の方が一口囓じ取ってあったので、狐の敏捷さに驚かされた。

三　美人に化けて銃殺さる

上総国長者町に、姫爺と綽名《あだな》された老人がいた。若いときに猟夫であった折、日頃人を魅する悪狐の居ると云われた山林へ猟銃を担《かつ》いで這入りこんだことがある。

突然前方に一人の若い美女が現われ出た。こんな場所に美人は碌な奴ではない。きっと狐だろうと想い、一弾を見舞ったところ、あやまたず命中して倒れた。駆け寄ってみると、婦人であって死に切らずに血塗《まみ》れになって苦悶している。失敗《しま》ったと二三町ばかり逃げ出した所で、銃を投げ出し、地上に立て膝しながら沈思し、強い責任感から銃で自殺をしようかと思案をしているときに、知人が通り掛かって、何事かと問うたので、今の次第を語ると、自殺をするのはいつでも出来る。念のために今一度実体を見ようとのことになり、二人打ち連れ再び現場に行ってみると、女は既に事《こと》切れて狐身を顕わしていたので、さてはやっぱり狐であったかと胸撫で下ろし、危うかった自分の生命であったと喜んだと云う。

四　嫁入り一行をばかす

三河国北設楽《したら》郡横山村の農早川徳平方に、留吉と云う下男があった。明治三十年の頃のこと、盂蘭盆《うらぼん》の十五日の夜に、三人の友達と豊川稲荷へ参詣に出かけ、真夜中に本野ケ原と云う野原へ来ると、傍らの畑の中に、一人の若い女と、風呂敷を背負った二人の男とが、着衣の尻端《しりはし》をまくり上げ、妙な格好をして歩いているので、四人の者は不審に思い、そこに立ち留って煙草を吸いながら見ていた。

フト見ると、近くの畑の肥溜めの小家の上に、白い狐が居って、しきりに尾を振っている。そこでかの三人の男女は狐にばかされているのだと感付き、こちらから大き声を発して脅かしたら、狐は大慌てに周章《あわ》て、丸くなって逃げて行き、それからばかされている三人も正気に回《かえ》ったという。事情を訊ねると、三人はその近くの一鍬田《ひとくわだ》村の者で、若い女が嫁にゆくのを、その父親と下男とが、仕度の着物を豊川の町へ買いに行き、帰路にここまで来ると、畑の中が一面に川に見え、渉《わた》るに難儀を覚えていたと言っていたが、そのとき若い女の裾の端折《はしょ》った股の所に、大きい痣《あざ》らしいもののあるのが、昼を欺く月光にて明瞭に見えたと云うことであった。

（附言。狐が人をばかすときには、その尾を使うことは各所で実見をされている。心理学者輩は、狐の人をばかすは、人自ら暗示にかかるので、数人が一時に狐にばかされたと云うような場合もあるけれど、それは群集心理なるもので、精神の聯合感念たるものに外ならぬなどと説いている。要するに学者未熟の臆説である。狐の動物磁気的の強烈なのは、人畜に対して十分に脅威を見せる実例が無数にある。小児のおシメなどが外へ落ちているとき、狐がその上にでも臥《ね》ると、必ずその小児が夜啼きをする。群馬県利根郡東村では、狐が人家の外側の土壁へ逆立ちに取り付いていて、尾で土壁を連打していると、その土壁の内の室《へや》にて、母親に抱かれて臥《ね》ている嬰児の顔に火腫《ひぶく》れのような一条の血腺が現れて啼き立てて、やがて死亡をした怪事が実見されたことがある。この事実は当時東村にて各所にあったもので、最初は一種の病気だろうと言われたものだが、医師の手に合わぬので、祈禱者にかけると、狐の細工だと言って祈った。祈禱者の言うことだからと村の識者は信じなかったところ、或る日の未明に、村の九兵衛という猟夫が猟に出て行く途中、高橋某方の横を通るとき、前記の狐の仕打ちを立ち見してから、怪病は狐の細工と云うことが知られたのだ。狐の人をばかす方法やその実例の深刻なものは、拙著『動物界霊異誌』に詳記をしておいたから、本書には多くを載せない。）

五　白昼に傘屋をばかす

熊本の工藤義介氏なる老紳士の実見談である。明治七年この人の少年時代に、熊本市の本山の漢学者竹崎茶堂なる人の私塾に学んでいたが、或る日、塾の二階の一室にて学習中、上級生の木村栄次郎（後年警部になり西南役に戦死す）と云うのが窓外を指して、あすこに狐にばかされている男がいると叫んだ。同室の生徒は一同面を外へ向けて見ると、程近い川尻街道に沿うた畑の中で、怪しい挙動をしている一人の男が見えるから、塾生中の腕白が十五六人ばかり、ドッとばかりに木村を先頭にして外へ駆け出した。

彼らは、春の麦隴《あぜ》を横切って傍《そば》へ走り寄って見ると、かの怪しい男は、四十前後の年輩であるか、裾を捲《まく》り上げて駆けりながら、街道から菜の花の咲いた大根畑へ飛んで下り、さらに元の道路へ上がってから、着衣を脱いで、赤裸身《あかはだか》の跣足《はだし》となり、草履と犢鼻《とくび》褌《こん》とを着衣に包んで、帯で括《くく》り、それを頭にのせながら、広くもない大根畑を縦横無尽に駈け廻り、ややしばらくして、立ち停って地面を凝視し始めた。

そのとき一人の塾生が、どこかに狐がいるだろうと言ったから、誰もが四方を見廻した結果、一疋の狐が接続の麦畑の中にいるのが眼に付いた。狐は尾を垂直に立てて右に左にそれを揺り動かすと、かの男がまたも大根畑をあちこちと廻り出したが、その方向転換と狐尾の向きとが一致しているのだ。そうして狐は傍目《わきめ》もふらず熱心に男を見詰めており、大勢の人間が接近していることをさらに気付かない容子である。そのとき工藤少年は、狐を憎ましく思ったので、傍へ駆け寄り、拳大の石を狐の横腹へ投げつけたら、当たりが強かったと見えてガインと大声に鳴いて倒れた。少年はその狐の太い尾を摑んだところ、狐は猛烈な勢いで、ねじ向いて嚙みつきかけたので、手を放すと、狐は脱兎の如くに走り失せた。かの男は、狐が啼いて倒れたときに、体をピクッとさせて倒れかかった。（これは狐の動物磁気の維《つな》ぎの綱がシャクッたのである。）

それから各人がドヤドヤッと接近して行き、五六回男の背中を叩くと、初めて人心地が付き、何故そんなに叩くのかと詰《なじ》り寄ったので、狐にばかされているのを知らぬか、そのざまを見いと注意を与えた。言われて彼は始めて大いに愕《おどろ》きしばらく呆然自失の態を呈していたが「私はこの畑を白川だと存じました、お蔭で助かりました」と言って幾度も叩頭して、着衣をして立ち去った。彼は市内の新職人町の傘屋の主人であった。白川は市の南部を西へ流れる河で現場とは六七町ばかりも隔てている。

（狐が人をばかすとき、念入りにばかすには尾を使う必要があるらしい。馬や家禽や鳥などをばかすときには、尾を使わないで前、肢と頤《おとがい》とを使う。著者の知人のM氏が、夜の明けがたに狐にばかされている男を救ったことがあったが、その狐が旺《さか》んに尾を振って男を悩ましている最中には、傍観しているM氏の片頰に、電気がかかったような感覚が発生したと云う。）

破天荒な行力《ぎょうりき》

東京の本郷に、佐藤霊枢《れいすう》と云う老年の行者があった。この人は神遍教会の創立者で、彼《か》の一時世にもてはやされた太霊道の田中守平や気合術の蓑仙人だのの恩師で、田中の如きは尠《すく》からぬ世話を受けたものだ。この霊枢の行力の熾烈であったのは、明治二十七八年ごろから、大正の初年に亘《わた》った二十年ばかりの間で、その実現した奇蹟は無数にあり、その教会は大繁昌をするので、警察の眼は大山師《やまし》だとにらみ、その奸策を発見しようとしてひどくあせったけれど、事みな真実であって毫も不正詐瞞がなく、おまけに内偵に従事した刑事どもが片っ端から熱烈な信者になってしまうといったような訳合で、ついに警察もこの人のアラを一つも手に入れることが出来ないのみか、思想も素行も非常に良いので、時の顕官や名士や上流社会にも尠からず信者が出来たくらいだ。今霊枢の現わした摩訶《まか》不思議な怪異事件無数の中から二つ三つを左に掲げる。

溺死者の引寄せ

明治三十年のこと、郷里の常陸国那珂港のその教会の出張所に来ていた折り、或る日の朝、同地の平磯の俗称おせん坊といった漁家の娘で、港の泉町の某の妻女であるのが、顔色を変えて駆け来たって、自分の甥が鮪漁《まぐろとり》に出た帰途に難船して溺死をしたが、屍体が見付からない。先生の力でどうにかならぬものかと哀願をした。

霊枢は言下にそれを快諾し、三枚の紙切れに秘呪の梵字を書いて渡し、これを海に投げ込め、屍体が揚がって来るのだと言った。

おかみは早速紙片を携えて海岸に駆け付け、教えられた如くにこれを海中に投げ込んだところ、不思議にもその三つの紙は、帆掛船が風を孕《はら》んだような形になって三枚ともに頭を列《なら》べたまま、沖合を指して箭《や》の行く迅速《はや》さで走って行った。そして間もなく沖方からうねり来た波浪の中に捲き込まれてその影を没してしまった。初めから現場でこれを見ていた許多《あまた》の町人は、不思議なこともあればあるものだとて、ことごとく驚異の眼をうろずかせていた。

その晩に屍体捜索隊は、海岸に焚き火をして心待ちに待ちながら夜を更《ふ》かすうちに、おや光るものが見え出したと言い出した者がある。なるほど沖中に何か光るものが現われている。何んであろうかと皆が怪しんで眺める内に、その光る物が忽然と海面を離れて空に昇りさま、海岸近くの俗称殿山という丘陵の山腹へ飛んで来て墜ちたが、その夜は屍体は揚がらなかった。

翌未明におかみは霊枢を訪ねて、まだ屍体が揚がりませんと言うと、霊枢は「いや今頃揚がったはずだ早く帰れ」と勧めた。おかみは半信半疑で急いで帰ってみると、三十町ばかりの沖合で捜索隊が拾ったとて屍体が船に載せて帰られたときであったが、拾い揚げられた場所は、前夜に望見された光るもののあった場所と一致しており、そして殊《こと》に不思議なことには、海に投ぜられたかの紙の三片は、屍体の胸と左右の脇腹とに別々になって密着してあった。これには何人《なんぴと》も驚異しないのは無かった。次にまた、後刻前記の殿山の中腹から、溺死者が着けて出漁していたはずの腰簑が岩の上に引っ掛かっているのが発見せられた。これこそ前夜光り物として海中から飛んで来たものの本体と知られた。

一ケ年の絶食

霊枢は明治二十八年の正月の或る日、その守護神に向かい、肉体を有《も》っている活神といえどもいやしくも活きてある以上は食物を要すべき道理であるが、神には常の食物なるものが見られない。一体どうしたものかと訊ねてみたとき、神が宙音《そらね》を以て答えて「それは教えてやろうが、教えるには順序がある、まず今日から汝《そち》は木の実ばかりを喫《た》べる実験に取りかかれ、他の物は一切口にするな」とのことであった。

霊枢は早速その日から、忠実に果食を始めたが、壮年のときに種々と難行をやっている堅固な鍛錬体であるから、生椎《なましい》一合ときめて、満一ケ年これを実行したが、肉体の健康は果食前の時と異ることはなかった。それから翌二十九年の元日から、神の命に従って絶食に入ったのであるが、神は「今日から食道の気を下ろす、それを口にせよ」云々とあった。(食道の気とは霊気と云う意味である。)

食道の気とはいかような物かと不審をすると、或る無形の霊気の塊団のようなものが掌中に下りて来たから盛んにこれを口内へ投《ほう》り込んでみると、不思議や一向に空腹を覚えない。もっとも食物を喫《た》べたほどに力になるとは感じないけれど、空腹を感ずることは全然無いのだから、毫も苦にはならぬ。ただし最初の一ケ月は一週に一片の餅を許されたが、二ケ月から自分から進んでそれを断ち、ついにその年の晩《くれ》までちょうど丸一ケ年間、文字通りの断食で押し通してしまったが、いつまで続けても何らの苦痛も故障もなさそうであったと云う。その年の大晦日に来訪した弟子の伊藤延次というのを加えて二人で記念の写真を撮ったのが今に残っている。この断食廃止の日の夕飯には、一椀の汁が許された。直《ただ》ちに旧食に回《もど》ると胃腸を傷《そこな》うからである。翌三十九年の元旦から餅一片を喫しそれから追々に旧時の食に復したのであるが、この実験から神の活体の理を覚ったのであった。右の断食中の一挿話を書く、明治二十九年の八月のこと、或る日国元の那珂港の元町に嫁いでいる妹スエ女から、良人《おっと》の音吉が大病だから急いで来てくれとの電報が来た。霊枢は早速東京の根岸を発したのが午前六時であったがその日の午後五時には、三十六里を踏破して妹方を驚かしたのだ。霊枢は、日頃から有名な健脚家であったけれど、断食中であるので自分も体力試験のために舟車に乗らずにもみに揉んで早足で歩いたのであった。そして病人は霊枢の神秘な加持で即日平癒したので翌日また徒歩して一日で東京へ帰着した。

この人の早足である実例中に、本人自らも不思議に思っていることがある。明治二十五年八月二十二日、神命によって大和の吉野奥なる大峰神社へ行き、神使の役行者《えんのぎようじや》四代目の霊から秘法を授かり、下山帰京の折りには、往路は十四日を費やしての跣足詣《はだしまい》りであったのが、帰途には草鞋《わらじ》を許されたとは言え、数え日五日、正味四日、しかも夜は宿屋で泊り、最後の二日半は、美濃の人間と自称する一人の青年と同行し共々に非常に迅速に徒歩して難なく東京に一着したのであった。この折りには、一日に平均三十四五里を歩行した勘定になる、とても人間業では無い。そして同行の青年は道中で霊枢に旅費を立て換えてくれた恩人であって、霊枢方に伴われて行き二日間遊んでいたが、立て替え金の返却も需《もと》めず突然行衛不明になったから、これも不思議の一つとして考えられた。

その後二十五年目に偶然この青年の再現が得られたが、そのときに、彼は、あの節自分でも自己の歩行の迅速さの甚だしいのに少からず疑問を抱き、東京に就いても霊枢の教会を気味悪く思ったので、逃亡同様にして駈け出たのだと言っていた。霊枢の早足は天狗がついていて加勢するのだとその信者は言い合っているのだ。

降る雨に濡れぬ

霊枢は、前記の大峰山で秘法を授かった翌日下山の途に就いたが、前夜から稀れなる大雨が降り注ぐ最中に、雨具無しで出発した。その一歩足を踏み出す瞬間に、右の手が無意識に急に頭上へ振り上がったかと思うと、指二本でしきりに九字《くじ》を切り始めたから、自分ながら奇妙に思った。すると不思議や、自分の体に注ぐ車軸を流す豪雨の雨粒が、あたかも霰《あられ》のように体外へ弾き飛ばされて、行衣はまるで防水布であるが如くだ。奇妙だ奇妙だと思いながら、足もまた非常に軽く、あたかも飛ぶが如くの速度で坂道をドシドシと下りて行くうち或る茂林の下を通ると、突然「一句やれ」と云う宙音《そらね》が空中から聴こえた。「どなた様であらせられます」と言うと「制托迦童子《せいたか》」と応える。「私は和歌や俳句など一向に出来ませせぬ」と辞退とする「やれぬことはない、やれやれ」との命令だ。

そこでとても免れ難いとあきらめ、懸命に考えて高らかに「思うより登るにやすき吉野峰」と

やってみたがさて二の句がどうしても出来ぬので、困ってしまった、そのとき例の宙音で、

「我をほおやのみやま忘れじ」

と付けられたので、始めてやれやれと胸なで下ろしたそうだ。それから母の峰の坂を登りつめると左側に一つの小屋があって、四十格好の行者らしい男が土間の掃除をしていたので、ちょっと縁側を拝借しますと会釈して腰を下ろしたら、内からその男がすこぶる驚いた顔付きで「行者はん、おまはんこの降る中をどうして来なはった、ちっとも濡れていまへんな」と言ったのも無理はない。「実はゆうべ行《ぎょう》を授かってな、おかげでこの通りちっとも濡れませんワイ」と言うと、男はしきりと感心していた。その時分に、麓の方から一連れの参詣団が続々と登って来たが、どれもこれも雨具を透してズブ濡れの姿であるのが、気の毒でまた不思議なように感じられたと云う。


霊枢のこの大峰登りの始終に絡《まつ》わる多くの超科学的怪異現象を一々詳記する段になると、極めて長文になるから省くが、東京を出発してから食物は一日に唯《た》だ一銭に値する芋と制定されたので、行中、五日目には芋が得られないで、少量の玉蜀黍《とうきび》を得て代用した。するど帰途の折り、ちょうど十四日後のこと、俄《にわ》かに非常な腹痛と共に下痢をしたが、その排泄されたものを見ると、かの玉蜀黍の粒で、毫も消化の跡なく、嚥《の》んだままの原状であったから、神の許さぬ物を食べたのでこのざまだと知りひどく畏縮したとのことであった。

科学者を凹《へこ》ます

霊枢は、その師事する神から、有史前の地球の状態や、人類史といったようなものや、日本の

神代史なるものの史実なんかは勿論、天地形成の原理といったようなものまで垂示にあずかっているると云うのであるが、天候なんかも或る程度までは、行力《ぎょうりき》の祈りにて人意の如くに自然を支配さすと云うので、その門下生がいろいろの実例を某所で宣伝をしたところ、それが目下我が国にて気象学の権威者たるF博士の耳に入ったのだ。博士は、行者の力なるものをば元より信じないけれど、気象学の参考になることがあると思ったので、霊枢を何度も訪問して意見を闘わせたのであるが、霊枢の予言する天候が、いつも的中して、博士の予言の方がいつも違うと云ったようなことが約三十日許《ばか》りも続いたので博士は面目を失し、一時支那の方へ行って、影を日本の科学界から隠したが、実を言うと、霊枢は毎日神に祈って天候を自然から狂わせていたのだと云う。

粥《かゆ》を煮た幽霊

東京出身の池田辰雄氏の祖父は、徳川末期に池田但馬守と称し、生野の銀山奉行を勤めた人であるが、篤実な信仰家であって、富士登山を三十六回やり、その最終の登山は、明治六年の八十五歳のときであった。（登山には、いつも従僕を連れてするのであった。）

その最終の登山を無事に済まして、東京の宅に帰着したのは、日の晩景近い頃であったが、何さま高齢者のこととて、草臥《くたび》れたからしばらく休むとて一室に入って寝た。平素から心掛けの良い老人で、寝るにはいつも両手の指を組み合わせて合掌姿をしながら臥《ふ》す習慣であった。それは、人間はいつ死ぬるか解らぬものだ、寝ている内に死ぬることも無いとも限らぬから、こうして寝るのだと云った主義の人である。この日もやっぱりその通りにやって就寝をしたのだ。

その夜八時頃に及んでも、まだ起きて来ぬので、もうお祖父さんを起こせとて、若い人が起こしに行ってみると、合掌姿で冷たくなって疾《とく》に大往生を遂げていた。その日直《ただ》ちに訃報《しらせ》の飛脚が、上州の富岡村に縁付いているお継という三十歳の息女の家へ派遣された。汽車や自動車などの無い時代のことで、飛脚は翌々日に到着をしたが、息女は実父の死亡をどうしても信じなかった。それには左の如き怪事がある。

二日前の夕方に、富士登山姿の但馬守がヒョコリと単身で「お継や」と声をかけて入って来た。

同女は病気で一室《ひとへや》に臥《ね》ていたが、折ふし良人《おっと》は旅行不在であり、外には家族のない家で心細く思っていたから大いに喜んだ。そして父の姿を見て、富士登りをなさる所かと訊ねると、富士からの戻りであると告げ、一人で不自由だろうなとつぶやいて、米櫃から米を出して流し元で研《と》ぎ、棚から土鍋を下ろしてそれで粥《かゆ》を焚き、膳などとともに同女の枕元へ持って来てくれた。同女はその粥を喫《た》べようとすると、但馬守は、俺はもう帰るとて立ち上がった。

そのとき同女は驚いて、父親さん、折かく珍らしくお越しになったのに、何故そんなに早く御帰りになりますか、今夜はぜひとも泊っておいでになりませと止めると、

「イヤ、今日はどうでも帰りたい訳がある。それにちょうど良い道連れがあって、町外れの店で待っていてくれているから、一緒にする。おぬしの体を大事にするがよい」

と言って戸外へ立ち去った。この事実は辰雄氏が六歳の折りのことで同家に伝わる怪異の随一である。但馬守は死してその幽姿を息女の家に現わしたのである。

首無し亡霊の踊り

明治四十二年に、前項の池田辰雄氏が、米国から帰朝して横浜から東京に移り、向島の弘福寺の隣りにある貸家に住まった。この家は新築してから三年を経た家作であったけれど、何となく陰気な感じのする家であった。池田氏は元来健康に誇った体の人で、病気を知らないのであったがこの家に住むようになると、間合いもなく健康に傷がつき出し、ついには腰部に異状が発して、手足が利かねる病身になり、いろいろと医療に手を尽くしてみたなれど寸效《すんこう》もなく、かえって一日と病気が重くなるのみであった。

或る日の午後三時ごろのこと、氏は病軀を横たえて午睡《ひるね》をしているときに、奇妙な夢を見た。それは庭の生垣の上へ、荒い紺絣《こんがすり》の着物を着た頸から上の無い男が現われて、

「この前に来た奴は、両脚を不自由にしてやったが、今度の奴は五体が動かぬようにしてやる」

と言った。目覚めてからこの夢を不思議に思った、どうも尋常の雑夢ではあるまいと感じた。それは氏が先年米国で狂女の亡霊に遭った時の経験もあって、霊怪を肯定しているからの事であるが、とにかく今の夢に出た奴は何かの亡霊であろう、現にこの辺の土地は、昔し墓地であった形跡があるとて、それから隣りの弘福寺を訪れ、年取った婆さんに訊ねてみると、いかにもこの辺は明治の初期ごろの墓地の趾であるが、貴方の家のあるあたりは、打首ものや磔者《はりつけもの》の屍骸を埋め

た所であることや、氏の前に住んでいた人（戸主）は膝が利かぬ病に罹《かか》って難儀をした結果、どこかで祈禱をしてもらったら、死霊の祟りだとの詰《つげ》で匆々《そうそう》に他へ移転をしたとの答えであった。

すると氏はその晩にまた奇妙な夢を見た。頭に短い折烏帽子を戴き、長い白髯を生やした気品の良い老人が現われて、

「自分は親戚の吉田家の先祖であるが、そなたには不浄な死霊が障《さわ》っている。それを退けるには吉田家に伝わる日置弾正の弓、または弓の秘伝の巻物かを借りて来て、家の一室に飾りおくとよい」

吉田家は徳川幕下の弓術家にて、有名な日置《へき》流を伝えた家であるが、池田氏方とは姻戚関係のある家だけれど、永い年月双方音信不通になっていて、どちらからもその所在を知らぬ間柄になっているから、氏は今さら吉田家を探索するの手蔓に困る懐《おも》いをしていた。すると不思議にもその翌日吉田家の当主がヒョッコリ来訪した。どうしてこちらの住所が知れたかと訊ねると、出入りの植木職の口からこの日偶然に聞き知ったと云うのだ。

そこで池田氏は夜前の夢を告げて、日置弾正の遺物を借り受けることにしたが、弓は物々しいからとて、秘伝の巻物を借りることにした。そして巻物が送り付けられてから、開いてみると、巻末に、かの夢に見た老人そのままの老人の肖像が画いてあったので、すこぶる驚いた。その巻物を室《へや》の床の上に置いて祀っていると、病気が日増しに軽快になりついには全治をした。しかし不吉の家だからとて、その後日他へ移転をした。

（幽霊の実在が科学的に立証されるに及んだ現代の心霊科学は、死後の世界の研究に前進を

して、今や種々な記録が産出されている。詳細は心霊書に譲る。）

（＊タイトルの「踊り」は「障り」「祟り」などの誤りか。——編集部）

榊舞をさせる古塚

島根県安濃《あの》郡大田《おおだ》町の、東北を囲む字加土《かづち》の丘陵の一部に、俗称ジョウドガイと云う所があって、そこに幸田某の所有に係わる山畑がある。その畑の中に、一株のタブの木があって、根元五六尺の地は草や矮《ひく》い雑木が密生しており、畑作の妨げをしているけれど、誰もここには手を付けぬ。

何故にそのようであるかと云うと、もしも誰かが、そのタブの木付近の一木一草にでも鍬なり鎌なりを触れしめてこれを折るとか刈るとかすると、その人はにわかに物狂わしくなり、その折り取ったり刈り取ったりした草木を手にして旺《さか》んに振り翳《か》ざし、素人神楽《かぐら》でする榊舞のような乱舞を演行し、しばらくは夢中になって踊り廻るのだ。またその乱舞をしないときには、頭痛を悩むとか足腰が痿《な》えるとかで難儀をするにきまっている。

かような訳であって、年久しく右のタブの木の際《きわ》は、魔所として畏れ憚《はばか》られて荒蕪に付せられていたのであるが、畑主はついに土地の神職と相談の結果、蛇の霊の祟りであろうとて、藁で蛇を製《つく》り、タブの木の下へ小さい祠《ほこら》を建ててそれへ祀り込んでみた。しかるにそれでも依然として、その付近へ鍬鎌を入れる人は、かの榊舞をやらせられるから、畑主も困ってしまった。

或る日、兵隊戻りの春日長市と云う同地の元気な青年が、右のことを聴き、畑主を訪ね、自分を一度畑仕事に行かして下さい、考案がある。ただし酒一本侈《はま》り給えとてその承諾を受けたから、早速その翌日に実行することになった。

長市青年は、かの畑に行って、いきなり祠の扉を開けて、藁の蛇をにらみながら、コラそちは蛇の分際で人間に祟るとは何事だ。大かたお神酒《みき》でも欲しいからのことであろう、今日は俺がお神酒を供えてやろう、もっとも後でそれを俺が飲み、またこの祠も焼くであろう。もしも祟るなら承知をしないぞ、このタブの木を掘り返して磧《かわら》にしてしまうからさよう思えと宣告をして、用意して来た四合壜の正宗を壜ぐるみに供え、傍らで一服吸煙した後そのお神酒を取って自分で飲み干し、それから祠に火を放《つ》けて、蛇体もろとも焼却したが、何の異状もないので、それ見ろといよいよ元気を煽り、ついに鍬を揮《ふる》ってタブの木の根元を三尺深さに掘ってみた。と云うのは、木の根に古蛇が巣をくっているであろう、もし居ったら叩き殺す決心であったのだ。しかるに蛇は一疋も出ないで、二尺足らずの一個の自然石の古塔の片割れが現われた、文字は磨滅していてほとんど痕跡もなかった。それを取り出してタブの木の根元に据え、水をかけて洗い浄め、その付近の草木を綺麗に刈り取って仕舞ったところ、当人は勿論のこと、その後誰《だれ》人も怪しい故障がなくなった。榊舞させる本尊は、この古石塔であったことと知られた。

三十余個の人魂の行列

大阪の人で、郵船会社のシャトル船路の船の火夫をしていた青年M君の実験談として、その知人の高橋と云う紳士からの報告だから、十分に信じられる怪異である。

M青年としては、その八回目の帰航のときで、八月の下旬の或る月のない宵闇のこと、船は金華山沖を航行していた。自己の休憩時間中、その船室の窓からふと見ると、真黒い海面に俄然ボッと火の玉が一個現出した。火の玉の色は、紫に緑がかった澄み透ったとも云うほど凄い色であったが、それが水面に現われると、船と同じ進路を取って波上をコロコロと転がり出した。

青年は不思議に思って、その正体が何であるかと眼を放さず眺めていると、火の玉が二つに割れ四つに割れ、次から次へと分裂をして転がり出すその数はおよそ三十個許《ばか》り、ことごとく一列に繋がれて海面上を転がる不思議さ奇観さに、一人で見るのは惜しい気分がして、仲間のものを呼び寄せ、皆で奇妙がって眺めているところへ、老人の火夫長がやって来て「ウーム出たな」と大きく唸《うな》り「誰が最初に見付けたか」と問うた。M青年は、自分であったと応えると「それじゃ、お前は甲板に上がって回向《えこう》してやれ、あれは水死人の亡魂だ。この辺で沈没した船があったに違いない」。M青年はそれを聞いて、ぞっとちり毛が立ったが、老火夫の命令に背きかね、ブルブル顫《ふる》えながら甲板に出た。

すべて船員仲間には、航海守護の神仏を祀っている者があるので、M青年は船室にあった叩き鉦《かね》を持って甲板へ上がったのだが、かの火の玉に向かって、夢中で、片手拝みをして、生まれて初めて「南無阿弥陀仏」と唱えたが、一度称名をしては、カーンと一つ叩く。声も咽喉《のど》からは出ない程の潰《つぶ》れ声で、一生懸命に念仏を連呼して鉦を叩いた。すると不思議や、一唱一叩毎に、火の玉が一個ずつ水中に沈んで消滅して行ったが、最後の一個は、大きく動いて四五回ばかりくるくると回転してから、スーッと沈み行《ゆ》いた。

それからM青年は、甲板から走り戻って船室に入ると、老火夫はニコニコとして迎え「そちはよいものを見付けたな、ああ云う怪火を見付けた奴は、キッと賭け事に勝つものだ、虚語《うそ》だと思うなら、資金は貸してやるから、一つやって見ろ」と言った。その結果、彼ら下級船員の航海中の唯一の慰みたる賭け事がその夜深更まで行われたが、M青年は老火夫の言の如く大勝利を得たと云う。またこの船が横浜へ着いてから聞くと、かの火の玉の行列の見られた近辺で、それより少し前に一隻の難破船があって、七十余名の乗員中、三十何名かが溺死をしたと云う事実が知られたそうだ。M青年は、右の火の玉を見てから、航海業を嫌に思い、その後、乗船が横浜から神戸へ寄港したときに上陸したきり、船を見捨ててしまった。

本題には関係はないが、M青年が船を脱した原因の一つとしてなお左記の事実がある。

彼は懐《ふとこ》ろに勝利の賭け金があるので、司厨部の某を連れて横浜の遊廓で大いに豪遊して船に回って各自の室《へや》にて寝たが、突然胸騒ぎがして目が覚めた。そして、その足は自然に別室にて臥《ふ》している右の司厨部の某の寝台の下にと体を運んだ。ちょうど某はムクムクと身を起こしてMを見てニヤリとしたが、直《す》ぐに吐血をして死んだ。死因は脚気衝心だと言われていたが、遺骸は船が神戸に着くと、ちょうど鹿児島からその母親が受け取りに来て言うには、伜の絶命と同じころに家の鴨居の上に祀ってある船魂《ふなだま》のお宮や神酒徳利がガラガラと頭上へ落ちて来たので、伜の身に何かの不幸が生じたものと心を痛めた云々。

隠形《おんぎょう》の動物

一　饂飩《うどん》が眼の前で消える

人の眼前咫尺《しせき》の所において、その肉体を人の肉眼に視せない陸上動物がある。それは生物学者の知らない怪奇である。しかし、水中において、臨時に無色透明の体に変化をする熱帯魚のあることが学界に知られている今日だ。帝都の上大崎の鉱山家若松慶三郎君の経験談から書こう。君の学生時代には、毎年夏季休暇には、数名の同窓と田舎の山河を跋渉《ばっしょう》して、健康を錬《ね》るのが慣例であった。

或る年の夏に、無銭旅行をやって、東京から茨城、宮城の二県を経て岩手県へと入り込んだことがあるが、昼は畑の作物や百姓屋の裏庭の果実など失敬して、腹をつくり、夜は蚊の少い野原や、古い社寺の殿堂などへもぐり込んで寝た。

日の夕方であった、気仙郡の某農村を通過するとき、或るお茶屋の縁側に休足して、一碗ずつの番茶を恵んでもらった。そのときフト店の次の室《へや》を見ると、白髯を生やした一人の老翁が坐っていて、箱膳に対《むか》って饂飩《うどん》を食べているのであったが、その老人はギロリと眼を光らして無銭旅行の連中を一瞥し、オイおまえらは東京からやって来たであろうが、銭を持たないで出て来て、百姓のものを荒らし廻り、太い野郎だと言った。

連中は頭星を指されてギクリとしたが、何言ってるんだ唐変朴《とうへんぼく》とやり返すと、馬鹿言うな、俺はチャンと何事でもわかってる。貴様らは昨夜は水車場の中へ這入って、生米を喰い、磧《かわら》の中で寝たではないか、今朝はまた一人の奴が下痢腹を病みい出て、医者をさがしたではないか、みな何もかも知っているぞと叱るが如くに言った。連中はいよいよ驚いて黙ってしまったが、妙な隠居だと半ば好奇心に駆られて、その容子を見守っていると、老人はこんどは何事かしきりに独り言を饒舌《しゃべ》りながら饂飩を食べるのであったが、何度となく「ああ五月蠅《うるさい》」を繰り返して、箸の先へ饂飩を引っ掛けて膳の横や向こうへ投げつけると、見る見るその饂飩が畳の上で、片っ端から消え失せる不思議さ。連中は非常に驚いて、この老人は手品師だなアと想うと、老人はたちまちこちらへ眼を向けて、オイオイ俺は手品師なんかじゃ無いぞ、貴さまらは悪徒《いたずら》すると罰《ばち》を当ててやるぞと言った。

連中はこの一言に激昂し、罰なんか中《あ》てられるなら中ててみろと詰め寄ると、オオ中ててみせると傲語《ごうご》して、傍《かたわ》らの箱の中から一尺余の御幣を取り出し、両手に捧持して何やら禱《いの》りの文句を唱え出すと、やがて御幣がバサバサと大いに顫《ふる》え出した。そして御幣は動《やや》もすれば老人の右の肩の方へ傾き靡くのであった。

「こりゃあ、いかん」と言って、老人はしきりに御幣を取り直して猛烈な禱りごとを奉《ささ》げるのであるが、依然として御幣は連中の方に背いて老人の右の肩へと靡き傾くのであった。ついに老人は御幣を棄ててしまい、今日は貴さまらの方が勢いが強いので駄目だ、と云ってアハハハと笑った。

連中はどっと笑って勝鬨を挙げたが、後で聴くと、かの老人は稲荷行者であって、その使役する飯綱《いづな》（小形の妖狐）が欲しがるので饂飩を投げてやったのだが、飯綱はその実体を濫《みだ》りに他人に見せない魔物だとのことであったので、若松君も現実に、それらに接見したので驚いたと話してくれた。

二　五円紙幣が飛んで来る

浦和の実業家の佐藤六合雄氏も、数年前その実見談として左の話を聴かせてくれている。

或る日、町内の某を訪問して対談をしていると、次の室《へや》から、五円紙幣の二つ折りにしたのが現われ、ヒラヒラと畳の上五六寸ばかりのところを飛んで来て、主人の膝の上へ来て止まった。そのとき主人はやや慌てた容子をして、その紙幣を取って、グルリと佐藤氏へ背を向けたが、懐《ふとこ》ろから蟇口でも取り出してその中へ紙幣を収めたらしく、そしてから、元の姿勢に向き直った。氏はこの奇怪なことを見たので黙過する気になりかね、貴君はかねがね評判の良くない人間であるが唯今のものは一タイどうしたものか、たねをあかし玉えと詰《なじ》ったので主人は頭を掻きながら、見られた上は隠すものではない、実は尾崎狐が咬《くわ》えて来てくれたのだと言った。氏はそこで、その狐は貴君が飼っているのかと追窮をしたら、飼ってはいないが、よく来るのだと答えたそうだ。白昼に佐藤氏の眼前へ来ていても、その形体が氏には見えない怪事であったので、氏はひどく奇妙がって編者に話した。

三　石見の妖狐

飯綱《いづな》も尾崎狐（尾裂とも書く）も出雲の人狐《じんこ》も石見の犬神も皆同族の小形の妖狐である。或いは全く同一の動物であるかもしれない。いずれも鼬《いたち》ほどの大きさであって、体貌も毛色の如きも鼬の通りであるから、動《やや》もすれば鼬に見違えられる。迷信排斥をやっている学校の教師などは、これを鼬の一種だと主張するけれど、その習性を仔細に研究すると、全く狐であることは疑いがない。石見国安濃《あの》郡の某所に有名であった竹松と自称された犬神の老甲なのが、水汲み男のために桶で伏せられて生け捕られたが、それを見ると、頭部に白色の輪がついていて、尾の尖端も白毛で球状をなしており、稲荷の妖狐の如くであった。この妖狐が何で竹松と自称するかというと、よく人に憑《つ》いて怪病を発せしめ、各家の秘密をさかんに饒舌《しゃべ》るときに、自分は竹松だと名乗るのであるが、その竹松の住むところは恒松某という大工の家で、竹松が人に憑いたために、修験者が祈禱でもする日には、大工の女房が必ず蒼い面をして病臥をしているので、竹松は女房に付属するものだとその土地の人々が信じていた。

竹松のいた町に今一個同質の妖狐がある。その家は三河屋という農家であって、その家に犬神がいると言われ出したのは、今から四十年前のことである。その家の横の空地に、三本の夏蜜柑の木があって、毎年良く結実をする。そこには道路の間に垣などのしきりが無いので、通行人や所《ところ》の青少年らが時折り蜜柑の実を偸《ぬす》むのであるが、偸んだものにはたちまち奇病が発生して、あらぬことを口走り、或いは、蜜柑を戻さぬなら殺してやるなどと騒いで、熱が高くなるから、三河屋は犬神持ちだと認定され、名高いものになってしまって、今では誰人《だれ》も空地の夏蜜柑に指をさすものもない。そしてこの家と交際をするものもない。

或る冬の夜のこと、所の青年が数名、三河屋の隣家なる農家の土間へ集まって、夜業の藁仕事をしていると、何物であるか形は一向に見えないけれど、小動物らしいものが二三疋、グッグッグッグッと小啼きをして、人々の膝の前腰のあたりをやたらに徘徊をするのだ。何んだろうかと言って人々は不審し合った。

そのうちに兵隊戻りの元気漢たる春日某が、エエうるさいと雄叫《おたけ》びをして、膝の横にあった叩藁の束を平手でピシリと強く打った。すると不思議！　忽然その叩藁の一方へ、二疋の犬神が現出し、周章《あわて》たさまで、転げ廻るようにして走って牀《ゆか》の下へ逃げ込んだことがあった。奴は春日某の猛烈な雄叫びに驚愕しざまに、その隠身術《おんしん》が破れたのに相違はない。

四　蛇の実例

三河出身の画家、早川孝太郎君の談に、愛知県引佐《いなさ》郡井伊谷《いいのや》村字ジクジ〔神宮寺?〕の或る寺の門にて、田植えの農夫が雨宿りをしていると、門前の大木の桑の枝に、一疋の山カガシの、赤く輝くような奴が捲きついていて、そのときの篠突く夕立の中に、ジーッと頭を空に向けていた。農夫たちは、それに眼をつけて、蛇はどうするのかと囁《ささや》き合ったが、ふと眼を傍《かたわ》らにそらした瞬間に、蛇の行衛がさらに知れなくなったので大いに怪しんだとのことであった。

前項の若松慶三郎君の実地談である。夏季の日曜に、同君は多摩川へ鮎釣りに行った。余念なく綸《いと》を垂れていると、背後に方《あた》って「フッ」と気息をかけたような異様な音声《おんじよう》が起こったから振り返ってみた。すると六尺ばかりの大きい蛇が、口を一パイに開け、尾端を五六寸ばかり立てながら、君を襲うて飛び蒐《あつま》って来るところであった。

同君は、幼年時代から、蛇を殺すことが得意であって、学生時代には、わざと田舎へ蛇殺しに行き、一日に数十疋ずつを撲殺し、今までに殺した蛇は幾千疋か知れないくらいだ、そんな人であるから、君に一たび睨《にら》まれると、どんな蛇もたちまち体を強直させて動かれなくなったほどだ。その君に今や一疋の大型の蛇が襲いかかって来るのであるから、君は嚇《かつ》となった。

持った釣竿で横払いにないだが、したたかに蛇を打った。蛇は一転して仰向けざまにはね返りその黄白い腹を見せたが、直《ただ》ちに起《お》き直りさま傍《かたわ》らに唯《た》だ一本あった七八尺の高さの木にスルスルと攀じ登った。君は蛇を叩き落そうと思ってその木を見ると、もう蛇の姿がない。大いに怪しみながら、幹を何度も振り動かし、ついには、すべての枝を折り取り、木を丸坊主にしてみたけれども、蛇を発見しなかった。二尺や三尺の小蛇なら、巧みに枝葉にまぎれ込んだとも言えようが、棒大の六尺からの蛇であったから、いかにも奇怪のことであった。

さすがの小豪傑も、この蛇には気を腐らし、釣りをやめて帰宅し、同町内にて懇意にしている、年よりの夫婦ものの祈禱師方へ談《はな》しにゆくと、同君の面容を見るや否や、若松さん、今日は体の加減でも悪いのか、大層顔色がよくないネと言った。同君は、いや加減なんか一向悪くないと答えると、どうも変に見える、一つ伺ってみてあげようと言い、それから夫婦で一室の青前へ坐って何か唱え出した。

すると老婦に物が憑《つ》いて来て、自分は蛇だと名乗り「それへ来ている男は吾々の敵であるから今日は取りついてやろうとしたところ、あべこべに撲られて敗亡をしたが、あまり残念なので、どうでも一度は仇を討ちたいと念《おも》うのだ」と言った。

若松君は、大いに忌々《いまいま》しく思ったので、蛇だ！　俺を仇討ちすると？　よろしい、討てるなら討ってみろと怒鳴り散らしたら、その勢いに僻易したのか、老婦から蛇の霊が退散した。しかし若松君は、このことがあってから、信仰の気を発し、蛇の殺生をやめることになったが、とにかく多摩川べりで、蛇が姿を消した事実は永く怪異の感を持続すると語ったことがある。

五　河童の実例

河童も隠形術《おんぎょう》のある動物たることは、多いその伝説に徴するまでもなく、実見した現代人の話がある。

知人某が数年前樺太で伐木事業をやっていたときに大分県の方から来ていた河童の庄と綽名《あだな》された杣《そま》が下のように話したそうだ。自分らの郷里の村民は、河童が冬季に人家へ来て煖を取ることを誰一人も信じないものはない。河童が人家へ侵入したのが、どうして判るかと云うと、囲炉《いろ》裏《り》ばたにあった手廻り道具や食器類が、たった今在ったのに、突然形を消すことがある、そのとき誰でも風呂敷なんかの布類を頭から被り、布目から透かして見ると、河童が猿のような格好で何疋も囲炉裏ばたに居列《いなら》んで、火に煖まっているところが見えるのだ。自分らもそれで河童を知っているが、絵に描いた通りの姿をしたもので、確かに体軀のある怪物云々。

（附言。人の肉眼むき出しにさえ見ないものが、布類のもので視界を曖昧にして見えると云う理窟がないと論をつける人がある。それは隠形術なんかを講じたものに通用しない常識論だ。）

河童

解説

現代の動物学者の、夢にも知らない河童なる水陸の両棲動物が、日本にあると主張したいだけ多くの証蹟を有《も》った吾らは、この伝説的お伽話的な怪動物の、現に栖《す》みつつある土地だけは、保証が出来ないのだ。しかしこの動物は、中古から近古、近古から現代へと、時代が新らしく推移するに連れて、狐狸と斉《ひと》しくその種が減少をすることは疑いがない。しかも畢竟は国土から絶滅するの運命を荷《にな》っていることは、狐狸が家禽類または、耕作物の或るものに対して害獣たる素質を有《も》っているけれど、一面には、野鼠の蕃殖を制肘《せいちゅう》することの大いなる点と、その毛皮の実用的な価値あることとで、人類からその種の絶滅が防衛されているに反し、河童は水産物の濫獲者たるばかりで、人類社会に何らの利益点を有《も》たぬから、保護を与えられない訳と、次には、各地とも年毎に淵川が少くなったり、海底が隆起したりし、それに河童の食餌たる魚貝類も年毎に減少するという推測、並びに人文の進歩によって、妖怪性の動物の生活が脅威されること、以上の事態は河童の絶滅を促進するものと断定して可なるべきものだ。

大正八年に生きた河童が島根県で観られたのを最後の報告として、それからは吾らの探究の耳目に一度も河童なるものの実在的な証拠物件が触れないのだ。そこで編者は、河童が過去には、全国に確実にひろく棲息をしていて、人間にその茶目式妖異を見せたことを認めても、現に今、棲息しつつある土地を指示することの不可能を告白するのやむない次第に迫ったのである。

支那人が中古に、水虎なる記録や伝説を産出し、これが日本人の河童と同種の怪奇な水棲動物だと見た我が国の徳川時代の本草学者もあったが、その水虎なるものも、近代に支那でも、日本の河童の通りに、年々に人間の耳目から縁遠くなるのだそうな。また支那外の外国には古えから河童と見做すべき怪動物が棲んでいないので、何らの旁証が求められないのだ。西洋人に河童のことが知られないために、西洋崇拝の糸にあやつられている我が国の学者並びに現代人は、河童を総掛かりで否定するのは当然である。しかし人間の学説や臆断なんかは、事実の前にはいささかも権威のないものだ。著者は河童を実在の動物と断定して記述を進めるのであるが、その詳細は拙著『動物界霊異誌』に譲り、本書にはかの書に漏らしたところのもの一二を掲げておくに止める。

一　沢庵漬欲しさに角力《すもう》

千葉県大多喜町の出身で、東京にてマッサージ業で名を出した市原馬吉君から、その人の叔父の明治初年代においての実験談である。

夏の夜更けて、隣村の知人の家から、沢庵漬を提《さ》げて我が家へと帰り来る途中、一ツの小坂にかかると、傍《かたわ》らから十二三歳ばかりの小僧が出て来て、小父《おじ》さん相撲を角《と》ろうと言って、四肢をひろげて挑みかかった。

深夜の相撲小僧は奇怪な奴だとは思ったが、剛胆でかつ相撲好きであったので、よし狐狸であろうが何であろうが一番角《と》ってみようと決心し、サア来いと言って身構えた。

すると小僧が、自分が勝ったら、その沢庵漬をくれるかと言った。ヒドク鼻のきく小僧だ、大かた臭いを嗅ぎつけて知ったであろうと驚きながら、オー承知だ、それが獲《え》たくば俺を負かしてみいと叫び、それから両者は取っ組み合って相撲《すま》った。

小僧の腰は非常によく働き、何ほど投げを打たれても、巧みに残って容易なことでは倒れない。こっちは一度もあぶないことは無かったけれど、奴は実に執念《しゅうね》く角《と》って疲れたさまが無い。これには閉口させられた。かれこれ二時間ばかりも相撲ったころ、短夜《みじかよ》のこととて、早くも東の空が白みかかった。そして早出の人足が響いたとき、かの怪小僧はコソコソと小河の方向へ去げ去って行衛が知れずなった。

その人は後年まで、この怪小僧を天狗であったと合点していたのであったが、後に河童小僧であったことに気づいたと云う。河童は瓜類や漬物に嗜好を有《も》っているものだ。河童は義理心があって、狐狸の如く人をだましてその携帯物を奪うようなことはしないのだ。古来の河童談に共通するのは、河童に義理の感念が強いことである。

二　老女を悩ます

大阪市港区難波島町《なんばじま》の前田鉄工所の傭い人の中に、通称「オッツァン」で知られている北国廻りの水夫上がりの老人がある。大正十五年の夏のこと、その老人がヒドク心配顔をしていた日に、どんな訳があるかと傍らの人が訊ねたら、左の応えをした。

長男は丹波国で自転車修繕業をやっており、このほど四五日前に、婆ア（老妻）は長男の家へ泊りに往った。或る日、長男は友だちと近くの河へ鮎漁にゆき、婆もそれに付いて往った。長男らは川へ入って魚漁りを熱心にやっており、婆は独り磧《かわら》の砂利の上に立って見ていたところ、どこから来たのか、面前に、身の長三尺《たけ》ばかりの、頭はおカッパをした子供がヒョコリと立ち塞がり、小母ちゃん、川の中へ入ろうと言って再三せがみ、厭だと言う婆アの手を無理に捉《と》って、水の方へ引く力は大へんに強い。婆アは気味わるく思ったので、何を無茶なことと叫んで、力一パイにそれを振り放したが、あまりに怖くて、長男に知らせる隙もなく、そのまま長男の家へ逃げ戻ったなり高熱を病んで爾来臥《ね》ており、今日はぜひ来いと電報で知らして来たから、これから行かねばならぬところだ云々。

その後、この老媼《ろうば》は熱は減退したけれど、精神が怪しくなり、いろんなことを饒舌《しゃべ》り、俺が住み家の淵を荒らした讐《かたき》だなどと言ったりするので、河童が憑《つ》いたのだと言ったものもあった。とにかく大阪へ連れ戻って枚方《ひらかた》の癲狂病院に入院させ、永い間一家の心痛ごとであったが、年が替わってやっと軽快になり、退院をしたと云う報知《しらせ》があった。

三　河水をねばらせる

明治十年ごろの旧いこと、岐阜県本巣郡根尾村大字板所に磯八と云う力の強い宮角力取《みやすもうと》りがあった。或る夜の深更に、同所を流れる根尾川の水鳥渡しという渡し場（現今は橋がある）に来かかると、夜中のこととて渡し舟がないので、尻をまくし上げて水を渉《わた》り、河の中ほどへ来た。

そのとき俄《にわ》かに河水が粘って来て、前へも後へも足が動かせぬように感じた。そのとき幸いに腰に鎌を差していたので、それを抜き取り河水を斬ってみたら、不思議や河水のねばりが無くなったので、水を斬りながら二タ足三足渉り出すと、背後から俄然磯八の両手もろともに抱き締めて鎌を使うにも使えないようにしたものがある。磯八は一生懸命に力を出してヤッと河童の抱き締めた手を払い、命からがら自宅へ帰ったが家の者は皆寝てしまっているので、一人火をおこし、その日漁《と》って来た魚を焼いていると、表の戸の隙から、何やら呼ぶものがある。磯八は耳を澄ましていると「磯八出て来い磯八出て来い」と呼ぶのであった。

磯八はこいつ先刻川の中で自分を困らせた河童だとは思ったが、何糞っと思って「ウム行く」と答え、表へ出ると、小さい男が立っていて、いきなり組み付いて来た。磯八はそちらに負けるものかと怒鳴りながら約一時間計《ばか》り角力《すま》うていたが、小さい男に似ず力があり、ヌメリヌメリとして捉えようがなく、大力の磯八も大分疲れ切った頃、河童の方でも非常に弱ってしまい、磯八の家から二丁程も揉み合いながら動いた揚げ句、ついに河童は磯八に負かされて川へ逃げ込んでしまった。

磯八は、その翌日、自分の体が生臭くいくら水で洗ってもその嗅気が抜けなかった。これは有名な事実として伝わっている。

（附言。河童が河水をねばらせると云うことは、外にも言い伝えがある。平田篤胤翁の記録の中に、知人の越後の某の話がある。それに依ると、某が或る河を泳ぎ渉るとき、にわかに河水が粘って手足が動かぬようになり溺死の難に陥り、心中に八幡神を念じて救いを求めると、水に囓じりつけと云う声がした。その声を聴き俄然勇気を揮《ふる》い起こし、水を噛みかかると、不思議や水のねばりがやんで泳ぐことを得た云々。著者はかつて河童が河水をねばらすのは、人をして水のねばった如き幻覚を発せしめるので、水は実際ねばるのでは無いと想定していたが今日では、河水の一局部を現実に粘膠性《ねんこうせい》のものと化せしめるのだと覚った。）

鞍馬谷の怪異

一　津田軒臣君の体験

　但馬国の生野町の材木商で、天理教信者の中で熱心者の聞こえのあった津田某の二男に軒臣と云った少年があった。この少年は僧侶になる志望であったのを、父親に強いられ天理教の中学に入り、卒業後東京方面で布教中、同教には神霊の顕現も見られず、また幹部が腐敗をしているので、同教を見棄てて大阪に行き、法華僧に師事して近畿の諸霊場で行を修めること数年に及んだが、鞍馬山での行も何回ともなくやってついに一大奇蹟を体験した。

　大正七年から八年の春にかけ、奥の谷の掘っ立て小屋で二百日の行をやったとき、その最終の三週間を断食でやり出した。時は一月の極寒の季節であるから、飢寒と戦い非常な苦行を二十日続け、余すは唯一日のその満願の期日であった。

　寒風は凜冽、降雪は一尺四五寸、行の小屋には一片の火気もなく、全身の血温は既に数日前から消亡してほとんど生気なく、臍《へそ》の裏まで凍ったように感じ、後頭部はギンギンと疼痛《うずき》が発して気が遠くなるようで、凍死の前徴であるかと心細くなって来た。無理に努めて精神を奮い起こそうとしてもたちまち砕ける。いよいよ死ぬるかもしれぬと思ったら、情けなくなり、何のために好んでこんな難行を企てたのであろうが、自分は唯《た》だ一種の名誉心のようなものに駆られてやったのに過ぎないであったと後悔の念を発し、家や親を思うて涙がとめどもなく頰を伝って隕《お》ちた。

その折り、忽然小屋の外に方《あた》って、ザグリザグリと積雪を踏んで来る足音がして、誰《だれ》人かが訪ねて来たらしい。涙に曇る眼を小屋の入口へ向けて、力なくも見遣ると、見知らぬ一人の男がスッと入って来た。昔の絵で見る杣《そま》そっくりの姿をした五十年歳《ばか》りの人間で、黒い木綿の頭巾を被《かず》き、深い藁沓を穿いていた。「どなたで……」と言ってみようかとするころ、

「アア辛いであろうノウ」

と至って温和な声調で慰撫的な見舞いを言ってくれた。

粗野な風格の裡に、冒《おか》し難い威厳と気品を具えた人間であるから、津田君は「まことに辛う御座います」と微《かす》かに声を搾り出して応えた。そのときかの人間は、内懐《ふとこ》ろから梅干大の円い茶褐色をしたもの二顆《ふたつぶ》を取り出して、「マアこれでも喫《た》べて元気を付けるがよい」と言いながらくれた。君は無言で低頭をして右手の掌に受けて取り、まずその一個を口にすると、何かは知らず清い香がして微妙至極な味がありよっぽど貴重な薬餌と覚えられたので、残りの一個は喫べずに紙に撚《ひね》って袂《たもと》の中へ入れた。

喫べたものが胃の腑へ下るや否や、急に五体が活気づき、言わんかたない快感が生じた。かの人間は傍《かたわ》らに立ってジーッと津田君の顔を見つめていたが、やがて上半身を屈して、小屋の床下へ手を差し入れ、他人には知られている筈では無いところの、二本の杉丸太を引っ張り出し、その先端を交叉させた。津田君は、それを見て、何をする気なのかと怪しんだが、何をした暇《いとま》も手

つきもなかったのに、忽然その丸太の交叉点にパッと火が燃え出し、見る間に熾《さか》んに焔を立てた。これは不思議なことだと思うとき、

「マア火に煖まって勢いをつけるがよかろう」

とすすめてくれた。そこで津田君はありがとうと会釈で酬《むく》いると、かの人間はそのまま黙々として小屋の外へ歩み出た。津田君はその後ろ姿が懐《なつ》かしく感じられたので、疲労を忘れて起《た》ち上がり、小屋の口から外をのぞいてみると、天に翔《か》けったか地に潜《もぐ》ったか、モウその姿も影もなく、あまつさえ雪の上に、ものの一個の踏み痕も無いのだ。

ハッと気が付いて驚きさまに、袂の中へ手を入れて、かの紙片に撚《ひね》り込んだものを取り出して見ると、紙の中には何物もなく消え去っている。そこで、アア判った、かたじけない。今のはまさしくここなる山の神さまであらせられ、瀕死の自分を救って下さったのだと勘づき、感泣の懐《おも》いをもって、しばらくは小屋の口に跪坐して、後ろ姿を拝んでいた。そして後に小屋へ入って、かの焚き火に煖まって体を保護し、この日の凍死から免れたのである。

二　十河弥五郎君の体験

神戸市金平町の十河弥五郎という人は、明治四十四年の春、その三十二歳のときに、同地から程遠からぬ尼ケ崎の鐘紡会社に通勤をしていたのであるが、或る日、会社で水垢離《みずごり》をとったとき額《ひたい》に或る痛みを感じた。家へ帰ってから、妻女があなたは額に焼傷《やけど》をしましたかと訊ねたので鏡で見ると額に二寸ばかりほどの赤黒い痣《あざ》が出来ている。これは妙だとて、拭いたり洗ったりして

みたが一向に取れない。これがついにこの人の難病の原因であったのだ。

医師の治療や神仏への祈りの甲斐なく、痣は月毎に体の各所に飛び火をして来て競争するように大きくなり、底止まりするところを知らぬ勢い。顔の如きは眼の側を少しのけて他は全部痣になってしまった。そこで小細工的な治療をやめて大正六年には、京都の大学病院へ入院をしたが、一ケ月も居れば癒《なお》ると言われた甲斐もなく、月々にひどくなり、珍らしい痣病として同院の記録にも載ったほどで、ついに六ケ月を経て、断念をして退院をしようとすると、病院では、今後は入院費は要らないから、治療の研究のためもっと居ってくれまいかとのたのみで、さらに一ケ月入院をつづけたが、全快の見込みがないので、ついに退院した。

それからは、一身を神仏に委ねる気になった。家にはあまたの子女もあり、この痣を療治して癒さぬときは、子女の将来のためにも大影響があると云う心配と、会社が依然として好意をみせてくれて職をつないでくれるのに対しても、済まぬ気が強く、ついに神経衰弱になったのか、他人の目に見えないいろいろの物が見えるようになった。空中に角のある長い虫や円い虫が居って、自分の体へ来てくっ付く。それを追っ払うと、飛び去るときに、肉を嚙じ取って去るが如き感じがする。また二階から下を見ると、大地が二三尺の短距離に迫って来るので、飛び下りてみかけて、人にあわてて引き止められるような始末であった。ついに自分の発案と他人の勧誘と一致して、鞍馬へ籠もって祈願をする決心になったのは、その翌年のことであった。

まず夏の百日の行《ぎょう》に就いた。食事は一日に一個の握り飯だけであったが、坐行が主であるけれど時折り歩きの行というものをやって、夜陰に、魔王堂から山門まで四回の往復をやったときに、長い坂道だから、疲労の極み歩きながら居眠りを催し、阪の下へ落ちかけ、気がついて金剛杖で身を支えて、僅かに転落を防いだようなこともあった。

その翌年の一月には、寒百日の行をやった。昼間は魔王堂の裏にある岩窟に休息し、夜は十時頃から、大杉さまと通称される杉の大木の下へ行って、正坐して黙禱の態度をとるのが日課であった。そのころ、そこに大きい倒木があって、その根株の下に坐しているのであったが、雨が降ると、土の汁が流れ懸かって来て、うるさいので、外へ場換えがしたかった。

或る夜、大杉の上から、力強い声で、

「行者は何が不足で場所換えをするか」

と怒鳴られた。吃驚《びっくり》したが「雨が降ると濡れますので……」と応えたら、

「行者、上を見よ」

と言われた。仰ぎ見ると、金色の鱗を輝かした一疋の大蛇が、恐ろしき大口を開けて頭上に覆いかかっていた。他の場所でこんな大蛇に出喰わしたら気絶でもするところだけれど、この場合少しも驚かず、かえってこのようなものが守護していてくれるから雨に濡れても構わぬとただちに思いを翻えして、ジーッと大蛇を見詰めていると、今まで巨口を開けて今にも呑みかかる勢いの大蛇はいつしか、地上にはね返っているかの大木の倒れた根株に変相してしまった。

この年に会社を退職し潤沢な手当てを貰って感謝をした。その翌大正九年の春早々、また百日の寒行に登山をした。入山後数十日経った或る日、自分の体軀の容子を顧みて、少しも痣が軽減しないので、小々愚痴を出した。その夜、大杉さまの前に坐りながら聞こえよがしな声で、自分

は行を始めてもう三年に及び、御祓いや御経を上げ、御蠟燭を上げるにも人一倍の勤めを致し、他人には種々と御利益があるのに、何故自分には御利益が下がらぬのでしょうと放言的にくどいた。

そのとき上空から、

「行者よ、神に供えた物が吝《お》しいのか」

と言った。いえ、吝しいのではありませんが、御利益が欲しいので、御守護が戴きたいのですと言うと、

「少しじゃあな」

と言った。この意味が解せられかねて、その後毎日沈潜して苦考しおると、或る夜、例の大杉の上から、

「心の大事はどこか、どこが大事か」

と叫んで聴かされた。これにもさとりかねて煩悶をしていると咄嗟に自分の手が動いた。左の掌を開いてその腕を垂下し、右の手は上へ上がってその掌を内凹《ないおう》に彎曲させ、同時に、咽喉《のど》が開いて「受け心曲り」という言葉が発した。

「その通り」

すこぶる清朗な声で言われた。それまでは近ごろ毎日心という字がぶっ通しに眼先から離れずにうるさく自分の視界を遮っていたが、それがとみに消え去って、胸中は光風霽月とでも言ったようにすがすがしくなり、大いに嬉しくなった。

この年はそれで終わり、翌大正十年の春も、早々寒行の登山をして、相も変わらず苦行を修していた。或る日、腹の底から声が搾り出されて「オンバサラー、ザルマキルクソワカ」という御真言がたびたび迸《ほとばし》り出た。この真言呪なるものは、従来かつて聞いたこともない見たこともない、まるで未知の文句であるから、不思議だと思った。後日下山をして人にたずねて、これを千手観音の呪言だと知った。そして鞍馬の魔王大僧正は、千手観音の化身であろうと悟ったのであった。

この寒行が九十七日続行されて、百日には後ただ三日というときに、日の暮れかたから、何となく悲痛な気持ちがして涙が際限なく落ちて来て、声でも放って泣きたくなった。この夜十時前に大杉の下に行って行の坐に就いたけれど、悲痛の念は少しも止まず、ちょっと時計を出して見たところ、何故か一層に感情が昂まった。ついに堪え切れなくなり、吾れ識らず大声を放ち、「オイ、魔王いるか、おればここへ出て来い。何んだ大慈大悲だとか、病者を救うとか云うが、みな虚言よ。俺は行に来ること既に四年だ。それに御利益は塵ばかりもないではないか。吾れに深い罪があれば、ここへ出て引き裂け、サア出て来い、来ぬか、来ぬなれば、杉の上へ行って穢《けが》してやろうか、杉の上で死んで魔神になって、鞍馬の魔王は慈悲の神にあらずと妨げをするぞ」と非常な怒罵を浴びせた。そのとき身辺の静寂が俄《にわ》かに破れてグーグーザーザーと声だか音だか言いようのない恐ろしい響きがした。魔王が現出したのかと思ったら、にわかに五体が畏縮してしまって、地面に平伏した。

突然、一つの手が触れて背中を撫で廻し始めた。嗚呼《ああ》これは神さまが御救いの手で、我が疾患を撫でて退けて下さるのであろう。それならばまず一番に顔からお願いしなければならぬと思い我が手を背後へ廻して神の手を捉え、顔の方へ持って来てよく撫でさせてから後に、全体を撫でさせていい気持になっていたが、突然疑念が生じたのだ。

撫でる手は神の手でなくて悪魔が、自分の痣を一層ひどくするための手であるかもしれぬと思うや、急に身をひねって神の手を押し除《の》け、奮然敵対行為に出でた。すると肌のシャツぐるみに強く背中を摑んで体を上空へ引き上げかける。驚いて上を仰ぎ見ると、一丈ばかりの黒い長身が間近に立っていたので、猛然自分を捉えている手を払うと、長身は闇の裡へ消え失せた。どこへ失せたかと左右を見廻すと、左の肩口の上にまた現われている。憎い変化物めと拳固《げんこ》を揮《ふる》って打ちかかると、再びその姿は消え失せて、大杉さまの玉垣が眼前に見え、

「今頃に今頃に」

と力強く言う声がする。何んだ芝居の科白《せりふ》めいた言葉つき、行の邪魔をするなと怒鳴ると、

「鞍馬の奥の山中で」

と清朗な声で言われた。この声で急に気が変わり行儀よく正座して闇中に眼をつけた。すると空が夜明けのように明るくなって来たので、不思議とみるうちに、またも元の闇に回《かえ》った。燐寸《マッチ》を摺って時計を見ると、先刻見たときから僅かに五分ばかりしか経っておらぬ。こりゃ不思議だと時計の針を見ると故障なく動いていていて、止まってはおらぬ。

ついに夜が明けた。朝になると、他の行者が大杉さまに参詣に来てこなたの顔を見て、十河さん顔が大変白くなっていますネエと言うた。他《ひと》を馬鹿にすると思って、いいかげんなことを仰有《おつしや》いとやり返した。怒っているこちらの顔を見て、その人はコソコソと去《に》げた。また来た行者も、

十河さん御利益を受けましたネ、顔が綺麗になっていますよと言った。またも他をなぶるのかといよいよ怒ってしまった。その行者も驚いてコソコソと去って言った。続いて詣でて来たのは和歌山生まれの媼《ばあ》さんで、日常大変に深切にしてくれる片桐セツというのであったが、これもまた、十河さん御守護を戴きましたなあ、顔が綺麗サッパリ癒《なお》っていますよ鏡を御覧と言われて、ここにはじめて自分の痣がのけられたことを知り、天にも昇ったように嬉しくなった。後三日の行をすますまでは下山して鏡を見る気になれぬので、躍る嬉しさを怺《こら》えて満願日まで山におり、行を終わってから下山して貴船の知人を訪ね、全身の痣が一掃されているのを示し、かねてのその庇護を謝してから、再び登山して御礼詣でをすると、大杉さまで、

「愚か」

と一喝され、腹の中がデングリ返るように感じた。

それは山での次第をことごとくかの貴船の知人に話したので、それを叱責されたのだと直覚をしたのであったから、自分の口は過ぎましたことだけれど、神さまの御霊験を世にしらし、病者の助けと致したいためでありましたと深く陳謝をした。そのときに鳩尾《みぞおち》とその真裏の背中とを一緒に手にて強く突かれて「以後……」と一喝された。これ以後の語《はなし》は以後を慎めと戒められたものであったと想像される。

三　三行者の体験

明治三十三年の秋、京都府何鹿《いかるが》郡綾部町の信仰家D氏〔出口王仁三郎〕が、老婦人の養母と、信

仰仲間の四方春吉と云うのと三人で、鞍馬の奥の谷へ数日間行を修した折りに、夜陰に一行の人々は、種々な怪異に遭遇をした。この奥の谷で行をする者は、昔も今も渝《かわ》らず種々の怪異に逢うのであるが、それは山の魔王の命令で、配下の天狗が行者を試すのであると信ぜられている。しかるに実地にそれらの怪異に襲われると、大抵の行者は一度で参ってしまい倉皇として逃げ出してしまうと云うことだ。

さてD氏母子はこれまでに深山幽谷などで何度も行をした経験者であるから、妖怪変化などには少しも心を取り紊《みだ》すことの無い信仰人であった。(当時刀自《とじ》は六十二歳、D氏は二十九歳であった。)まず第一日の夜には、四方の坐っている頭の上へ、一枚の仏衣《ころも》が空中から垂下して来るのを傍《かたわ》らに座っているD氏が見付けた。しかるに四方の眼には、鬼ともつかず天狗ともつかぬ恐ろしげな物が座中から下りて来て、光る眼でグッと睨みつけるように見えたので、呀《あっ》と驚きの声を立てた。そのときD氏は立ち上がりさま、手を伸ばしてかの仏衣を摑み取ろうとしたら、怪物はスーッと三間ばかり上昇して茂った梢の間へ消え込んでしまった。

次の夜は、前夜と同じく露天の平場で行座を修めた後、一同は小屋へ回って寝た。すると真夜中に、四方が尋常ならぬ急迫した音声《おんじょう》で、Dさんちょっと起きてくれやすと叫んだ。D氏はこの声に目を覚ましてみると、小屋の外に一つの蟒《おろち》が箕《み》のような巨口を開け、その口に火の燃えた一本の松明《たいまつ》を横咬《ぐわ》えしており、そして後頭部に四方を乗せていた。さすがのD氏も一体どうしたことかとおどろいていささか措置に迷った心地を覚えるとき、蟒は四方を運び去るようにして、ノロリノロリと側の方へ動き出した。

そこでD氏は金剛杖を持ち出して蟒を追うて駆け出したら、蟒は消え去って、四方は池上の松明の傍《そば》に大息ついて立っている。D氏はさては天狗に誑《たぶ》らかされたかと思ったところ、フと見ると傍らに三尺余りの大蟇《おおがま》が、眼を光らしてこちらを見ているので、金剛杖で三つ四つ撲《なぐ》ると、枯木の幹でも叩くようにボクボクと音がして蟇は平気でいる。こんな怪物は構わんでおくがよいと思って撲《う》つのをやめたら、やがて闇中へ没し去り、四方も元気づいてD氏の身辺へ寄って来た。

四方は最初、小用のために外へ出かけたのであるが、あまりにひどい木下闇《このしたやみ》であるから、松明を点けて持って出て谷の隅で小用をすると、ヌーッと蟒が這い出て来たから、飛び超えようとすると、掬《すく》われた如くにその後頭部へ乗せられ、そして手にした松明は蟒の口へ奪い取られたのであったそうな。

次の夜には、三人が小屋を出て滝の行場に行く途中、先頭に立っている老刀自《ろうとじ》の面前へ、柱大の太い鬼の手のような巨大な腕がヌッと現われて、刀自の前進を支えるようにした。老刀自は少しもあわてないで「おジョウダンなさいますな」と平気な声で言ったら、怪腕は直ちに消え去って、頭の上の梢の方でワッハッハッハッハッハッと幅びろい男性的な音声の笑い声がした。

これらの事実は、D氏から直接に聴き込んだ怪異談で、少しも浮いた話柄ではない。

書尾

　読者は本書において、人間には、動物霊、人間霊、超人霊（神仏）その他、種々な妖魅性のためにか、祟禍《すいか》にかかり、一身一家の不幸な出来ごとに悩まされることが事実として認容されたであろう。この祟禍と云うものは、皆因果関係のもので、普通の科学力では、ほとんど解消の出来ないものだ。解消の出来るのは、ただ一つ宗教的の或る特殊の力能ばかりである。

　この或る特殊の力能と云うのは、現代人の謂うところの迷信範囲のものであるが、吾々においては、やはり堂々たる宇宙の公理と認めるところの理法たるもの――将来は科学に編入されるであろう――である。読者の中に、もしも今日の科学の力で解消のつかない祟禍的の繫累にかかれたと自覚をした人があるなら、それは、その人の遠い未来の真実な向上性の萌芽で、神寵に縁のある幸運者だと言ってあげたいのだ。

　祟禍を脱却する方法は、儼《げん》としてこの世に存在をしている。また人間は最初から、祟禍を寄せつけない方法もあるのだ。ものを起こす力もあるが、またものを減ずる力もあるのが天地の定理である。

読者が、もしも、本書のために何か一つでも発明されたことがあるなら著者は光栄として感じます。

最後に、読者への希望を呈します。諸君にしてもしも、確実性ある霊怪事件の見聞をお有《も》ちになっているならば、差し支えない限り、何卒真摯な記述で御報知ありたい。他日の本書の続編の資料に供したいのです。採録のものには薄謝を捧げます。

作之丞と未来

柳田国男（民俗学者）

上

北秋田の雄猿部（オサルベ）といったところは、今日の尾去沢《おさりざわ》のことではないかどうか。とにかくに昔、そこの山にすばらしい樅《もみ》か何かの老木があって、崖の外へ大きな枝を伸ばしたのが、遠くからよく見えた。その一ばん太い枝のとっさきに、確かに人間の形をしたものが一つ、久しい以前からぶら下っていたことは、だれ知らぬ者もなかった。比内《ひない》の某村の百姓作之丞、天狗さまにつれ行かれて、あんなところにひっかかっているのだという評判であったが、何年たっても形が少しも変わらないので、しまいには人ではあるまい、死骸ではあるまいという者が段々と多く、何が何だか判らなくなっていた。

ところがその樹のてっぺんの人間が、ある日こつ然と見えなくなってしまって、百姓作之丞は故郷の村に還《かえ》って来た。家は幸いに無事に残っていて、孫だか曾孫《ひまご》だかの作之丞が、喜んで彼を迎えてくれたので、久しぶりの対談にこまごまと、過ぎし昔の話をしたということである。

ちょうど八十年以前、まだ四十に少し前という年のころに、山に入って薪を伐《き》っているところへ、見なれぬ一人の大男がやって来て、二つ三つ話をするうちに、突然とこんなことをきく。作之丞、おまえは過去が見たいか、未来が見たいか。どちらを見ようと思うかと尋ねるので、自分はそれに答えて、古いことは物語にも聴いて少しは知っております。行末のことは命が無いと見られぬと思えば、一しおなつかしい気が致しまするると答えた。

そうするとその大男、それはいかにももっともなことだ。しからば今おまえの命を縮めて、八十年の後に再生させ、別に三十年ほど寿命を授けてやろう。そうすればちょうど百歳の後を快く見ることになろうという。その顔つきの怖ろしさに、びっくり仰天してしきりにわびごとをしたけれども、もうその方の命運は定まっている。成るべきように成れといって、即座に首を締めたまでは覚えているが、それから後のことは全く知らない。

そうして睡《ねむ》りの初めてさめたように、ふっと眼をあけると、以前の大男が傍に立っていた。自分を仰向けに寝させて総身をあん摩してくれて、もうこれで還ってもよろしい。永い間の樹の上のすまい、大きに御苦労であったといって、道しるべをしてくれるので出てみると、そこは雄猿部の山の頂上であった。山の樹木もふもとの里も大分変わっているようだが、ともかくも自分の生まれた在所に近いことだけはまちがいがない。それでこうしてもどって来たのだと作之丞は語った。家の人達はこの話を聴いて、ありうべきこととも思えなかったが、ともかくも昔天狗にさらわれて、行き方知らずになった先代作之丞が、一人あることは確かな事実であり、またその昔の村々の話は、何を問うてみてもはっきりと答えるのみか、現に山の上の大木の梢には、もうぶらさがった人間が見えなくなっているので、さてはこなたがうちの古いおじいなのかと、一家うちそろって敬いかしずいたというのは、誠に律義な田舎人の心根であった。

この作之丞は、果たして天狗どのの約束の如く、これからちょうど三十年を活きながらえて、正徳という年の終わりのころ、すなわち西暦一七一五年前後に、病の床について世を去った。これほどにも手数をかけて、見たいと望んでいた百年後のことだから、さぞまた熱心に念入りに、世の中の変わり目を観察したことだろうと思うが、農民は全体に文字を書こうとしなかったから、その感想録のようなものは、今日少しでも世に伝わってはおらぬらしい。

人見《ひとみ》蕉雨《しょうう》の黒甜瑣語《こくてんさご》という書物に、以上の事実がはっきりと記載せられている。この著者は寓言を好まず、またこの通り固有名詞をちゃんと掲げているのだから、少なくともこれがあの時代の一説であったことは察せられる。仮にだれかの作り話だったとすれば、その作者はそもそも秋田のどういう土地に、住んでいた人だったろうか。それがアナトル・フランスの『白い石の上に』またはエッチ・ジー・ウェルズの『時の航空機』などよりは、優に一百年を先駆する落想であっただけに、まずわれわれの問題とならざるを得ぬのである。

下

百姓作之丞が見たがった田舎の未来などは、百年ばかりでは、そう変わっていなかったにきまっている。しかし見た以上は何とか所感を述べたであろうに、それが少しでも伝わっていないのは不審である。大抵の長命者は、相手が聴いてくれようがくれまいが、この新旧の比較を試みんとせぬ者はなかった。おれなんかの若いころにゃといってはいやがられ、今の若いやつらはといってはおこられたかも知れぬが、ともかくも一歩一歩の体験をもっていた。史眼は極めて低かったろうけれども、少なくとも次に来る者への期待があり、それと現実とのくいちがいを経歴して、一喜しまた一憂しつつ生きて来たのである。ところが作之丞は樹上に八十年、およそ自分の世盛りとは絶縁し、また天狗とのばく然たる約束以外に、何ら前途の期待を抱くことが出来なかった。これではせっかく新しい世に復活しても、人に語るほどの感慨がなかったのは是非もない。おかしなたとえを引くようであるが、今までの国史学なども、ちょうどまた一個の百姓作之丞だった。未来を予言する力はとくに失っているのみか、現在を解析しようという意欲をすらまだ持っていない。寂ばくたる樹上の存在である。

史学の現代性、未来への用途というものを作之丞は考えなかった。過去は物語でも少しは知っておりますといったのは、よその国ではこうだったからと、いってすませておくのよりは着実かもしれぬが、それが未来を楽しましめる、理由にならぬことは双方同じである。耐えても忍んでも今日だけは過ぐされる。悩ましくもまたゆかしいのは明日以後である。それは私がきめてやると、いった者は昔からあったが、まだきまったためしはないのである。明治維新の夜明けでも、前憲法の発布当時でも、悦《よろこ》び楽しんだ者は、今よりも何十倍か多かった。それがたちまちこの眼前の状態にまで落ちて来た原因は、われわれ自身の近代史以外どこにも求める道はあろうとも思われない。捜してみもしないでただ天王寺の未来記のような予言を信ぜしめようとするなどは、作之丞のはなはだしきものだと思う。

少しく後口が悪いから、もう一つこんな逸話を取添えておこう。空襲のさなかに別れたまま、消息不明になった旧友の岡田蒼溟翁は、今からもう十六七年も前に、私の所へ来てこんな話をした。柳田さん、えらく大きな戦争が始まるそうですね。世界がひっくりかえるような大騒動が続いて、日本も散々やられるそうですよといった。あなたはそんな話をだれから聴いて来ましたか。もちろん神様の御告げです。神より外にはこういうことを、知っておられる方があろうはずはありません。しかし結局はこちらがよくなるのだそうです。何か想像もつかぬような不思議が起こって、それから少しずつ運が向いて来る仕組みになっているのだそうですともいった。

それから一年に一度か二度、あうたんびに両名はこの話をした。何だか少しずつ御告げの通りに、なって行くような気がして来て、実は私も大いに動揺した。それにしてもその最後の不思議というのは何であろうか。あなたは御そばにいたのだから、ちっとは見当が附きそうなものじゃないか。いやそれがだれにもわからないので、今でもいろいろと想像をめぐらしているのですよ。何か非常に大きな発明じゃありませんか。たとえば海水から金を採るというようなと、いってはみたものの自信はなさそうであった。しかもただその一点を除いては、他はことごとく未来から跳り上がって、今やわれわれの現実の体験になってしまった。そして当の本人の蒼溟翁はいなくなり、もう結論の持って行きどころもないのである。あるいはどこかの山の高い樹の上か何かで気永に世の成行きを待っていられるのかも知れぬが、たった一人であっては、中《あた》ったねということも出来まい。そうして私は残念ながら、そういう御つきあいはもう出来そうもないのである。

(『東京日日新聞』一九四九年四月二十六・二十七日/『神隠し・隠れ里』大塚英志編、角川ソフィア文庫、二〇一四年九月)

解説　# 昭和前半期における「怪異」という問題

出口王仁三郎・柳田國男・岡田建文を繫ぐもの

礫川全次（在野史家）

民俗学の泰斗・柳田國男《やなぎたくにお》は、明治憲政史の研究で知られる尾佐竹猛《おさたけたけき》と座談会で会したことがある。時に、一九二七年（昭和二）五月三〇日。このとき、尾佐竹猛は、大審院判事の職にあった。この座談会には、柳田・尾佐竹のほかに、芥川龍之介と菊池寛も加わっていた。しかし、その実質は柳田と尾佐竹の「対談」であった。

座談会は、四時間に及んだ。柳田と尾佐竹とが「意気投合」したからである。なぜ両者は意気投合したのか。話題が、「怪異」や「迷信」に集中したからである。

座談会中、尾佐竹は、こんな発言をしている［柳田・尾佐竹 1927］。

尾佐竹　僕等の所では、所謂天狗に捕まつて行つたといふのは沢山あるんです。僕は親爺の壮んな時分に、残らず聞いて書き留めて置いたのですが、それは実際に実験した話だけで又聞きや伝説は一切採らずに実験談だけを書き留めて置いたのです。

柳田　あなたは書き留めて居るのですか。
尾佐竹　みんな書き留めてあります。
柳田　それを第二叢書で出しませんか。
尾佐竹　本にして出す程沢山はないのですが、その天狗といふのは、鼻の高い天狗ぢやない、大入道です。所がぼくの親爺といふのは、明治初年の浅薄な功利説を唱へて居る人で、そんな事は排斥して居るが、どうしてもこいつは分らぬと言つて居る、その話を書き留めて置いたのです。其の一例として僕の親爺の弟が十ばかりの時に捕まつて行つて、何処かへ行つて分らない、二日ばかりしてボンヤリして帰つて来た。さうして訊くと所謂天狗に捉まつた、どうしても帰らんならん、帰らなければ兄さんに叱られるから返して呉れと云つて帰らして貰つたといふので、(……)。かういふ話が沢山あるのです。
柳田　(尾佐竹氏に)それは君、そんな話を空しく筐底に埋めて置いちやいかんぢやないですか。

尾佐竹猛の父・保は、加賀藩の儒者だった。「天狗に捕まって行った」などの話に関心があったようで、息子の猛にそれを語った。猛のほうも、そうした話に興味を持ったらしく、親爺の話を残らず書き留めた。ただし、また聞きや伝説は採らず、「実験談」のみを書き留めたという。
座談会の席で尾佐竹が、それを語ると、柳田國男は、「それは君、そんな話を空しく筐底に埋めて置いちやいかんぢやないですか」と反応した。このときの柳田は、身を乗り出さんばかりだったろう、と想像する。

また柳田は、尾佐竹に向かって、「それを第二叢書で出しませんか」と持ちかけている。「第二叢書」というのは、柳田と関わりが深い郷土研究社から刊行されていた叢書、「郷土研究社第二叢書」の略称である。第二叢書の第一冊は、柳田國男著『山の人生』（一九二六年一一月）、第二冊は、早川孝太郎著『猪・鹿・狸』（一九二六年一一月）であった。

そして、その三冊目として、一九二七年（昭和二）四月二〇日に、岡田建文著『動物界霊異誌』が出ていることに注意したい。この本は、動物に関する怪異譚を集めた本で、岡田の第二作であった。そして柳田は、同年五月一三日、『東京朝日新聞』に、『動物界霊異誌』の書評を寄せた［柳田 1927］。五月一三日といえば、この座談会の数週間前である。

尾佐竹猛は、もともと怪異譚に関心があり、その材料も持っていた。そのことを聞いて、「第二叢書で出しませんか」と提案したのである。もしこのとき、尾佐竹が柳田の提案に応じていれば、第二叢書の一冊に、尾佐竹猛著「加賀怪異譚」が加わっていたはずである。

＊　＊　＊

岡田建文の『動物界霊異誌』が、郷土研究社第二叢書の一冊に入ったいきさつは、よくわからない。柳田と岡田との間の交流について、作家の横山茂雄は、次のように述べている［横山 2022］。

『霊怪談淵』が刊行されるより前の時点で、柳田は岡田と既に直接の面識があったようだ。というのは、『動物界霊異誌』に「柳田國男氏の話に、氏の母堂が若い時に、其頃信州飯田の某方の飼猫が『干鰯《ごまめ》くれ』と言つたと云ふ話を聴かされた」という一節が見えるのだが、柳田は同書の書評において、「これは確に私が自分の書斎で、今から一年余り前にした話」だと認めるからだ。つまり、前年の大正十五年春頃、すなわち『霊怪談淵』の刊行の約半年前に、岡田が柳田の許を訪問していた事実が示唆されている。

「大正十五年春頃」というのは、横山の推定である。岡田建文が、その第一作『霊怪談淵』を刊行したのは、一九二六年（大正一五）九月であった。「大正十五年春頃」という推定が正しいとすれば、岡田の柳田邸訪問は、『霊怪談淵』の刊行よりも前ということになる。

島根史学会の西島太郎によれば、岡田は、関東大震災（一九二三年九月）のあと、郷里の松江から一家で上京し、東京を拠点とし、積極的な文筆活動を開始した。岡田はこれ以降、「岡田蒼溟《そうめい》」の筆名によって、さまざまな雑誌に論考を発表してゆく。雑誌名としては、『心霊界』『変態心理』『スコブル』『日本及日本人』『少年倶楽部』『民族』『文藝春秋』『旅と伝説』『郷土研究』『グロテスク』などが挙げられるという［西島 2017］。

岡田が上京したのは、一九二四年（大正一三）と推定される［西島 2017］。柳田と岡田との間に接点が生じたのも、たぶん、その年であろう。

右に引用した文章中にある「同書の書評」とは、柳田が『東京朝日新聞』に寄せた『動物界霊異誌』の書評を指す。そこで柳田は、同書を「すばらしい奇書」と推賞した。同時に、『霊怪談淵』にも言及し、「私は泉鏡花君等と共に頻りにこれを愛読した」と記したのである［柳田 1927］。

ちなみに、『動物界霊異誌』で、柳田がその母堂から聞いた話が出てくるのは、「狸及貉」の「事例」のところである（第二叢書版一八七ページ）。

＊　＊　＊

岡田建文は、注目すべき「怪異」研究家であり、文筆家であり、思想家であるが、その生・没年月日は、ともに不詳である。実は、「建文」の読みについても定説がないらしいが、ここでは、国立国会図書館のデータに従って、「けんぶん」と読んでおきたい。

西島太郎によれば、岡田建文の生まれは、一八七五年（明治八）、または一八七六年（明治九）と推定できるという。柳田國男が生まれたのは、一八七五年（明治八）なので、岡田と柳田とは、ほぼ同世代ということになる。

一九一七年（大正六）以降、岡田が、深く関わることになった大本教《おおもと》の出口王仁三郎《でぐちおにさぶろう》は、一八七一年（明治四）の生まれである。出口のほうが、少し年長に当たる。岡田建文は、戦争末期の空襲の際、行方不明になったという［柳田 1949］。その没年は、一九四五年（昭和二〇）とされている。

本書『霊怪真話』は、岡田建文の五冊目の著書である。一九三六年（昭和一一）五月三一日、東京・四谷の慈雨書洞から刊行された。同年の二月二六日には、「二・二六事件」が起きている。翌二七日、東京市内に布かれた戒厳令は、同年七月一八日になって、ようやく解除された。すなわち、本書は、戒厳令下の東京で印刷され、発行されたのであった。

前年一九三五年（昭和一〇）一二月八日には、第二次大本事件（第二次大本教事件）が起きている。この事件は、出口王仁三郎を指導者と仰ぐ宗教団体・皇道大本《こうどうおおもと》に対する苛酷にして徹底的な弾圧事件であった（大本教は、大本《おおもと》ないし皇道大本に対する通称）。

本書『霊怪真話』には、出口王仁三郎という名前、あるいは、「神道家のD君」、「信仰家D氏」という呼称が登場する。D君、D氏というのは、もちろん、出口王仁三郎を指している。本書が刊行されたとき、第二次大本事件から、まだ半年も経っていなかった。八幡書店版『霊怪真話』の「解題」は、これについて、「本書百頁に王仁三郎の霊的炯眼を示すエピソードが述べられているが、第二次事件勃発の直後としては、勇気のあることだったといえよう」とコメントしている［編集部 1998］。ちなみに、「本書百頁」というのは、原版におけるページのことで、今回の河出書房新社版では、九六ページにあたる。

また横山茂雄によると、岡田建文は、著書『妖怪真話』（モナス、一九三六年八月）の中で、「出口と云ふ人間は増長して不敬罪を犯したけれど、霊能家であつて、既往三十年間、彼れの体験した怪異事件は無数にある」と述べているという［横山 2022］。

霊能家としての出口を、自分は一貫して高く評価してきた、と岡田は言おうとしたのであろう。そう言いながら岡田は、自分は、「不敬罪」に問われるような宗教性・政治性を、出口と共有する者ではない、と釈明しようとしたのかもしれない（今回、この解説を書くにあたって、『妖怪真話』の原本を参照できなかったことを遺憾とする）。

作家の芥川龍之介が自殺したのは、一九二七年（昭和二）七月二四日のことであった。芥川も参加した「柳田・尾佐竹座談会」が開かれたのは、同年五月三〇日のことであり、同座談会の記録を掲載した『文藝春秋』七月号が発売されたのは、同年七月一日のことであった。『文藝春秋』の同年九月号には、尾佐竹猛の痛切な追悼文が載っている［尾佐竹 1927］。

芥川龍之介は、死に際して「或旧友へ送る手記」と題した遺書を残し、その中で「将来に対するぼんやりした不安」を語った。芥川が感じていた「不安」を推測することは困難だが、その後の日本が辿った歴史を見ると、その「ぼんやりした不安」には、日本という国の将来に対する不安という側面が含まれていた可能性がある。

昭和前半期の歴史を振り返ってみよう。一九二八年（昭和三）六月には、日本軍の謀略とされる張作霖爆殺事件が起きた。一九三〇年（昭和五）一一月には、浜口雄幸首相が狙撃され重傷を負う事件が起きた。一九三一年（昭和六）九月には、満洲事変が起きた。一九三二年（昭和七）五月には、五・一五事件が起きた。一九三四年（昭和九）七月には、出口王仁三郎を統管とする「昭和神聖会」が結成された。一九三五年（昭和一〇）二月には、天皇機関説問題が勃発した。同年一二月には、第二次大本事件が起きた。そして、一九三六年（昭和一一）二月には、二・二六事件が起きている。

＊　　＊　　＊

第二次大本事件は、一般に、国家権力による宗教弾圧事件として知られているが、弾圧の対象となった「皇道大本」は、単なる宗教団体ではなかった。大正時代には「大正維新」を唱え、昭和に入ってからは「昭和維新」を唱えた、高度に政治的な宗教団体であった。

皇道大本は、一九三四年（昭和九）七月二二日、昭和神聖会という社会運動団体を発足させた。統管は出口王仁三郎、副統管は、黒龍会の内田良平と皇道大本の出口宇知麿《でぐちうちまる》であった。東京・九段の軍人会館で開かれた発会式には、陸海軍将校が多数出席し、後藤文夫内務大臣、秋田清衆議院議長が祝辞を述べた。昭和神聖会は、ロンドン海軍軍縮条約の早期撤廃を訴え、美濃部達吉博士らの天皇機関説を激しく糾弾した。同会の政策請願には、八〇〇万人の署名が集まったという。

国家権力は、皇道大本、昭和神聖会の組織力と政治力を恐れた。その恐れが、一九三五年（昭和一〇）一二月八日に始まる第二次大本事件を招くことになったのである。出口王仁三郎は、同日、巡教先の松江市で検挙された。その罪名は「不敬罪並びに治安維持法違反」であった。

翌一九三六年（昭和一一）の二月二六日、陸軍青年将校が主導する叛乱事件（クーデター未遂事件）が発生した。二・二六事件である。叛乱は、同月二九日に鎮圧されたが、もしも、その数か月前に、皇道大本が解体されていなかったとすれば、この叛乱事件は、別の様相、別の展開を示していた可能性がある。

岡田建文は、一九一七年（大正六）の末以来、出口王仁三郎とは二十年近く交流を続けてきた。その間における交流は、あくまでも、霊能者・出口王仁三郎との間の交流であった、というのが岡田の弁であるが、この弁は、第二次大本事件のあとになされたものであって、これを額面通り受けとるわけにはいかない。岡田は、昭和前半期における皇道大本・昭和神聖会の動向を、どのように捉えていたかという問題、あるいは、岡田がそうした動向に、何らかの形で関与していたのか否かという問題は、岡田建文に関心を持つ研究者によって解明さるべき課題であろう。

＊　＊　＊

戦後の一九四九年（昭和二四）四月、柳田國男は、「作之丞と未来」という小文を発表した。『遠野物語』を連想させる簡潔にして硬質な文体で書かれた名篇である。素材は「怪異」だが、テーマは「予見」であった［本書にも収録］。

空襲のさなかに別れたまま、消息不明になった旧友の岡田蒼溟翁は、今からもう十六七年も前に、私の所へ来てこんな話をした。柳田さん、えらく大きな戦争が始まるそうですね。世界がひっくりかえるような大騒動が続いて、日本も散々やられるそうですよといった。あなたはそんな話をだれから聴いて来ましたか。もちろん神様のお告げです。

こうして柳田は、岡田建文という霊能者を回想し、その先見の明を紹介したのである。

民俗学者の大塚英志は、この小文を、「この国の破滅を見通す学問たり得なかった戦前の民俗学や歴史学を自己批判した一文」と捉えた［大塚 2014］。鋭い指摘である。大塚を見習って私は、柳田の小文に、「この国の破滅を防ぎ得なかった学者・知識人の自己批判」を読みとろうと試みた。しかし、なんど読んでも、そのようには読むことはできなかった。

参考文献（年代順）

・佐々木鏡石述・柳田國男著『遠野物語』聚精堂、一九一〇年六月
・岡田建文『霊怪談淵』天行居、一九二六年九月
・岡田建文『動物界霊異誌』（郷土研究社第二叢書）郷土研究社、一九二七年四月
・柳田國男「岡田蒼溟著『動物界霊異誌』」『東京朝日新聞』一九二七年五月一三日
・柳田國男・尾佐竹猛・芥川龍之介・菊池寛「柳田國男・尾佐竹猛 座談会」『文藝春秋』第五年七月号、一九二七年七月
・尾佐竹猛「星ケ岡の一夜」『文藝春秋』第五年九月号（芥川龍之介追悼号）、一九二七年九月
・林逸郎『天皇機関説撃滅　一木 美濃部 岡田学説の研究』昭和神聖会、一九三五年四月（同月改訂再版）
・岡田建文『霊怪真話』慈雨書洞、一九三六年五月／八幡書店、一九九八年六月復刻
・柳田國男「作之丞と未来」『東京日日新聞』一九四九年四月二六日・二七日
・礫川全次「柳田国男と尾佐竹猛の接点」『歴史民俗学』14号、一九九九年七月
・田村勇「夢のお告げと観音様（広島）」『歴史民俗学』14号、同右
・小松和彦編『妖怪』（怪異の民俗学2）河出書房新社、二〇〇〇年七月
・大塚英志「ロマンスと変革者」柳田国男著・大塚英志編『神隠し・隠れ里』角川ソフィア文庫、二〇一四年九月
・西島太郎「松江の郷土誌『彗星』主幹・岡田建文の霊怪研究」『島根史学会会報』第55号、二〇一七年七月
・横山茂雄「霊怪の探求　岡田建文の場合」岡田建文『霊怪談淵』（幽冥界研究資料第二巻）八幡書店、二〇二二年一〇月復刻

＊本書は、岡田建文『霊怪真話』（慈雨書洞、一九三六年五月刊／八幡書店、一九九八年六月翻刻版刊）を、新字新仮名遣いに改めたものです。文中、今日では差別的と考えられる表記が散見されますが、初刊時の時代状況及び著者物故であることを鑑みそのままとし、また若干の漢字、片仮名を平仮名に改めました。

岡田建文
（おかだ・けんぶん）

1870年代半ばに島根県に生まれる。号・蒼溟。心霊研究家・怪談蒐集家。『大阪新報』『松陽新報』で新聞記者を務めた後、松江で隔週誌『彗星』を創刊、心霊研究を進める。大本の出口王仁三郎と親しく交わり、怪談蒐集で柳田国男の信任を得た。1945年、東京空襲により罹災死。著書に、『大自然の神秘と技巧』『霊怪談淵』『動物界霊異誌（妖獣霊異誌）』『心霊不滅』『妖怪真話』『霊魂の神秘』などがある。

霊怪真話

二〇二四年 六 月二〇日　初版印刷
二〇二四年 六 月三〇日　初版発行

著　者――岡田建文
発行者――小野寺優
発行所――株式会社河出書房新社
〒一六二―八五四四
東京都新宿区東五軒町二―一三
電話
〇三―三四〇四―一二〇一〔営業〕
〇三―三四〇四―八六一一〔編集〕
https://www.kawade.co.jp/

組　版――株式会社ステラ
印　刷――株式会社暁印刷
製　本――株式会社暁印刷

ISBN978-4-309-03194-1
Printed in Japan